행복을 주는
믿음

개정판

FAITH TO GIVE HAPPINESS 4차원의 영성 둘

행복을 주는
믿음

조용기 지음

개정판

교회성장연구소

프롤로그

4차원의 영성으로 인생의 기준을 세워라

사람이 세워놓은 가치관이나 철학은 시대의 흐름이나 새로운 사상의 등장에 따라 변하기 마련입니다. 200년 전이나 300년 전의 사상과 가치관이 오늘날 전적으로 우리의 기준이 될 수 없는 것은 이와 같은 이유에서입니다. 그러나 하나님의 말씀은 다릅니다. 그분의 말씀은 시대를 막론하고 언제나 인생이 붙들어야 할 기준을 제시해 왔습니다. 인터넷 만능 시대라고 일컫는 21세기에도 여전히 올바른 인생을 살기 위해서는 하나님의 말씀과 하나님의 세계를 명확히 아는 지식이 필요합니다. 4차원의 영성은 하나님의 말씀을 이해하는 것을 돕고,

하나님의 세계에 대한 명확한 지식을 전해 줄 것입니다.

시편 81편 10절에 "네 입을 크게 열라 내가 채우리라"는 말씀이 있습니다. 이 성경 구절은 우리로 하여금 4차원의 세계를 이해하도록 도와주는 핵심 구절입니다. 채우는 것은 하나님께서 채우시지만, 입을 여는 것은 우리의 몫이라는 얘기입니다. 배고픈 아이가 입을 열어 울고 보채며 자신이 배고프다는 신호를 엄마에게 전달하면 엄마가 그 필요를 채워 주기 위해 양식을 제공하는 것과 마찬가지로, 하나님의 자녀 된 우리도 하나님의 얼굴을 바라보아야 하늘의 은혜를 공급받을 수 있습니다. 그러나 모든 그리스도인이 하늘의 풍성한 은혜와 부흥을 경험하는 것은 아닙니다. 하나님께서 주시는 복을 받기 위해서는 우리가 준비해야 할 것이 있습니다. 그것은 하나님의 세계에 대한 정확한 이해와 지식을 통해 우리의 인생을 보는 시력insight을 키우는 일입니다.

'4차원의 영성' 시리즈는 하나님의 세계4차원의 세계를 움직이는 네 가지 덕목인 생각, 믿음, 꿈, 말이 어떻게 우리의 삶을 변화시킬 수 있는지를 깨닫게 해 줄 것입니다.

이 시리즈는 총 네 권으로 구성되어 있습니다.
읽기만 하십시오. 4차원의 세계에 대한 당신의 시력이 높아질 것입니다.
자, 그럼 이제 4차원의 세계로 떠나는 항해를 시작해 봅시다.

4차원의 세계 이해

2차원은 1차원을 포함하고 다스립니다. 그리고 3차원은 2차원을 포함하고 다스리는데, 3차원은 시간과 공간과 물질로 구성되어 있습니다. 그러면 3차원은 무엇에 포함되어 다스려지겠습니까? 그것은 바로 4차원입니다. 4차원의 세계는 물질이나 시간, 공간의 지배를 받지 않는 높은 차원입니다. 인간이 살아가는 시간과 공간을 초월한 곳을 우리는 4차원의 세계 또는 영적 세계라고 부릅니다. 이 4차원의 영적 세계에 대한 단서를 포착할 수 있는 곳이 성경의 첫 번째 장인 창세기입니다.

창세기 1장 2절은 "땅이 혼돈하고 공허하며 흑암이 깊음 위에 있고 하나님의 영은 수면 위에 운행하시니라"고 말합니다. 여기에서 알 수 있듯이 시간과 공간과 물질이 모두 혼돈에 처해 있을 때 보이지 않는 성령이 3차원의 세계에 운행하여 새로운 세계가 만들어졌습니다. 빛이 생기고 하늘이 생기고 물질이 생기고 해와 달과 별들이 생기고 모든 것이 생겨났습니다. 그러므로 시간과 공간과 물질은 4차원에 포함되고, 4차원에 의해서 다스려집니다.

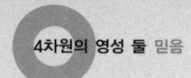

3차원과 4차원의 세계를 동시에 살아가는 이중 국적자, 인간

사람은 희한하게도 3차원과 4차원의 세계를 동시에 살아갈 수 있는 존재입니다. 사람이 몸을 가지고 있는 이상 시간과 물질과 공간의 존재인 것입니다. 그러나 또한 사람은 영혼이 있기에 하나님과 교제하며 물질을 초월하는 4차원적인 존재이기도 합니다. 지상의 모든 피조물 중에서 오직 인간만이 육체가 죽음으로 사라지는 것과는 달리, 영혼은 영원히 없어지지 않는 4차원의 존재입니다. 그러나 동물들은 아무리 영리하다 해도 3차원적 존재로서 죽으면 없어져 버리고 맙니다. 그러므로 동물은 하나님과 교제하지 못합니다. 하나님께서는 동물과 교제하거나 그들에게 말씀하시지 않습니다. 왜냐하면 동물들은 영성을 갖고 있지 않기 때문입니다.

이와 달리 사람은 물질에 속했으니 물질을 대변할 수도 있고, 영적인 세계에도 속해 있기 때문에 영적인 하나님을 대변해서 사용될 수도 있는 것입니다.

따라서 우리가 창조적인 기도, 창조적인 목회, 창조적인 사업을 하려고 할 때에는 4차원의 영성을 개발하는 것이 굉장히 중요합니다. 왜냐하면 물질의 세계에서는 우리가 아무리 노력을 해도 3차원이 지배하는 물질의 한계 때문에 기적적인 발전을 이룰 수가 없기 때문입니다. 그러나 4차원의 세계에 들어가면 3차원의 세계를 창조하고 다스리고 변화시킬 수 있기 때문에 굉장히 강한 능력이 나타나게 되는 것입니다.

하나님께서 주신 4차원의 믿음을 품고 역전의 인생을 살라

우리의 삶에 행복을 가져다줄 4차원의 세계로 들어가기 위해 통과해야 할 두 번째 관문은 '믿음' faith입니다. 왜냐하면 믿음은 인생을 지배하는 가장 중요한 소프트

웨어software 중 하나이기 때문입니다. 인간을 구성하는 하드웨어hardware가 영, 혼, 육체라면 이것을 제대로 작동operate시키기 위해서는 반드시 소프트웨어가 필요합니다. 인간의 삶을 작동시키는 소프트웨어는 셀 수 없이 다양하지만, 그중에서도 가장 중요한 것은 생각, 믿음, 꿈, 말입니다. 이 요소들은 모두 보이지 않는 4차원의 하나님 세계에서 유래한 것으로 3차원의 인간세계를 지배합니다. 이것이 하나님의 뜻이 이 땅에 실현되는 원리입니다. 그렇다면 과연 하나님의 뜻은 어떻게 이루어지는 것일까요?

주님이 가르쳐 주신 기도에 보면 이 문제에 대한 해결의 실마리가 보입니다. "뜻이 하늘에서 이루어진 것 같이 땅에서도 이루어지이다" 우리는 그 순서에 주목해 봐야 합니다. "하늘에서 이루어진 것 같이 땅에서도" 무슨 말씀입니까? 인간의 뜻은 먼저 하늘에서 이루어진 후에야 비로소 땅에서 현실화된다는 것입니다. 하늘이 먼저입니다. 내가 품은 뜻이 먼저가 아니라, 하나님께서 주시는 생각과 믿음이 먼저입니다. 그러므로 하나님 나라의 4차원으로 생각하고, 믿고, 꿈꾸고, 말하면 그대로 땅에서 이루어진다는 것이 성경이 말하는 원리입니다.

하나님께서는 성도의 삶이 그저 좋은good 상태에 머물러 있기를 원하시지 않습니다. 성도는 탁월함great으로 나아가야 합니다. Good to great! 역전의 인생입니다. 이 역전 인생을 살기 위해 출발선에 서는 것이 하나님의 생각을 품는 것이라면, 출발선에서 인생이라는 트랙 속으로 발을 떼는 것은 하나님의 믿음을 소유하는 것입니다.

하나님께서 주신 역전 인생의 공식, 믿음

하나님의 생각을 가지고 인생을 바라보기로 결정하고 출발선에 섰다면, 하나님께서 주신 생각을 삶의 구체적

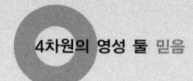

인 상황에서 전적으로 받아들여야 합니다. 그리고 그것을 순종으로 연결시키는 것, 이것이 바로 믿음입니다.

4차원의 믿음은 우리의 생각이 그리스도 중심적이고, 하나님 중심적이며, 말씀 중심적이어야 함을 시험하는 것입니다. '믿음'은 인생이라는 마라톤에서 우리가 3차원의 세계에서 지닌 한계와 약점을 극복하고 행복을 누릴 수 있도록 하나님께서 주신 역전의 공식이라고 할 수 있습니다.

제가 복음서에서 예수님께서 이루신 기적 이야기를 자세히 읽으며 깨달은 것이 있습니다. 예수님의 역사는 믿음이라는 4차원의 공식을 통해서 이루어졌다는 것입니다. 예수님께서는 해결할 수 없는 인생의 문제를 털어놓는 사람들에게 "내가 너를 고쳤다"고 말씀하지 않으셨습니다. 예수님은 "네 믿음이 너를 구원하였으니"라고 하셨습니다. 더욱 놀라운 사실은 이 말씀은 복음서에서 계속해서 반복하는 중요 평행구라는 것입니다. 다시 말해 예수님께서 이 말씀을 반복해서 하신 것은 중요한 의도를 가지고 하셨다는 말입니다.

그리고 주목할 만한 것 한 가지는 예수님께서 이 말씀을 하실 때는 특정한 상황에서만 말씀하셨다는 것입니다. 즉, 사람을 통해서 역사하실 경우에만 그렇게 말씀하셨습니다. 사람을 통해서 하지 않으실 때는 혼자서 직접 하셨습니다. 예를 들면, 귀신을 쫓아내실 때가 그렇습니다. 그때는 예수님께서 직접 명령하셨습니다. 왜냐하면 귀신 들린 사람은 자신의 4차원을 사용할 수 없기 때문입니다. 또 예수님께서는 파도를 잠잠케 하실 때도, 오병이어로 오천 명을 먹이실 때도 직접 하셨습니다. 이 사건들에서는 사람의 믿음을 통해 역사하실 수 없었습니다.

그러나 사람을 통해서 역사하실 때는 반드시 "네 믿음이 너를 구원하였으니"라고 말씀하셨습니다. 우리의 믿음을 사용하여 일하셨다는 것이 중요합니다. 오늘날도 마찬가지입니다. 우리 삶의 한계와 약점을 극복하는 역전의 공식은 바로 믿음입니다.

믿음은 느낌이 아닙니다

마가복음 5장 21-43절의 말씀을 보면, 우리의 믿음이 얼마나 3차원의 감정과 느낌에 의해 좌우되는지를 보여 주는 사건을 기록하고 있습니다. 그때는 예수님께서 하신 기적을 보고 수많은 사람이 따르던 때였습니다. 예수님께서는 무리를 떠나 바다 반대편으로 배를 타고 이동하셨는데, 어떻게 소문을 들었는지 회당장 야이로가 주님께 나아와 자신의 집으로 가서 어린 딸을 고쳐 달라고 간청하는 장면이 나옵니다.

예수님께서 회당장 야이로와 함께 그의 집에 갈 때였습니다. 집 근처에 다다랐을 때 갑자기 종들이 뛰어나오더니 울면서 이렇게 말하는 것입니다. "당신의 딸이 죽

었나이다 어찌하여 선생을 더 괴롭게 하나이까" 막 5:35

'죽음'이라는 두 글자를 전해 들은 야이로의 반응은 어떠했을까요? 그의 마음에 믿을 기분이 생겼을까요? 아마도 딸이 죽었다는 소리를 듣자마자 좌절과 절망이 순식간에 몰려와 마음속을 지배했을 것입니다. 무릎에 힘이 빠져 주저앉아 통곡했을 수도 있습니다. 이것이 우리가 생각하는 가장 자연스런 반응입니다. 그리고 이것이 바로 인간의 감정과 느낌에 입각한 3차원적 반응입니다. 딸의 죽음은 3차원적으로는 절대 절망인 상황입니다. 그런데 그때 예수님께서 오셔서 그의 귀에 대고 속삭이셨습니다.

"두려워하지 말고 믿기만 하라" 누가복음 8:50

이 말을 들은 야이로가 만약 우리와 크게 다르지 않다면 아마도 이런 식으로 흥분하며 말했을 것입니다. "주님, 아니 내가 지금 그런 소리를 믿을 기분이겠습니까?

지금 내 딸이 죽었다는데 생각을 조금이라도 해보고 말씀을 하셔야죠. 도대체 그게 말이 되는 소리입니까?" 그러나 주님께서는 "두려워하지 말고 믿기만 하라"고 말씀하셨고, 야이로는 믿음을 선택했습니다. 분명 야이로는 감정적으로는 슬픔과 절망에 휩싸였을 것입니다. 하지만 그는 예수님의 말씀을 믿었고, 예수님께서는 그의 믿음대로 딸을 살리셨습니다. 왜냐하면 믿음이란 선택에 달린 것이지 느낌에 달린 것이 아니기 때문입니다.

그러므로 믿음이란 아무리 내 마음이 냉랭하고 좌절하고 절망적이라도 하나님 말씀을 믿겠다고 선택하는 것입니다. "죽든지 살든지 흥하든지 망하든지 성하든지 쇠하든지 나는 믿겠습니다"라고 선포하는 것입니다.

그런 의미에서 믿음은 번지점프입니다. 번지점프에 줄을 묶고 난 다음에 왠지 불안하고 걱정이 된다고 해서 바닥에 떨어지는 것이 아닙니다. 또 기분이 좋다고 해서 안 떨어지는 것도 아닙니다. 기분이 좋든, 나쁘든 줄이 나를 붙잡고 있기 때문에 줄을 믿고 뛰어내리면 안전하게 땅에 닿을 수 있습니다. 번지점프는 기분에 의존하지 않습니다. 문제는 줄입니다. 신앙에서 우리를 매고 있는 줄은 바로 하나님의 말씀입니다.

내 어깨의 힘을 빼고

믿음에는 두 가지 믿음이 존재합니다. 복제된 믿음과 행동으로 옮기는 믿음입니다. 요즘 그리스도인 중에는 믿음의 형식은 다 가지고 있으면서도, 실상은 죽은 믿음을 가진 사람이 얼마나 많은지 모릅니다. 사람들은 "믿습니다!"라고 말하지만 실제로 절망적인 상황에 부닥쳐 보면 그 사람의 믿음의 크기가 여과 없이 드러납니다. 위기 상황에서 주님 한 분만을 붙들고, 자기 몸을 날려 번지점프를 할 수 있느냐, 없느냐를 통해 죽은 믿음인지 산 믿음인지를 판단할 수 있습니다.

저도 목회 생활을 하면서 수많은 난관에 부딪혔습니다. 그럴 때마다 저는 인간으로서 할 수 있는 모든 일을 해 보았습니다. 수단과 방법을 다 동원했습니다. 그러나 주님은 저의 모든 인간적인 방법이 실패하고 마지막으로 "천부여 의지 없어서 손들고 옵니다. 살든지 죽든지 흥하든지 망하든지 성하든지 쇠하든지, 주님 뜻대로 하시옵소서!" 하면 꼭 그때 오셔서 건져 주셨습니다.

그래서 제가 한번은 이렇게 따진 적이 있습니다. "주님, 취미가 너무하신 것 아닙니까? 왜 낙동강으로 떠내려갈 때까지 기다리기만 하십니까? 낙동강까지 떠내려가기 전에 좀 건져 주시면 좋지 않습니까?" 그렇게 따져도 보았지만 하나님께서는 여전히 제 생각과는 다르게 일하셨습니다. 마지막까지 기다려서 제가 정말 하나님을 믿고 의지하느냐, 의지하지 않느냐를 시험해 보시고 난 다음에 전적으로 주님만을 믿을 때 주님의 능력과 권세를 나타내 주셨습니다. 내 어깨에 잔뜩 들어가 있는 힘을 빼도록 하셨습니다.

그렇습니다. 우리가 살아가는 3차원의 삶은 우리의 힘으로는 도저히 뛰어넘을 수 없는 무수히 많은 한계치와 약점이 가득한 곳입니다. 그러나 하나님께서는 4차원의 믿음 공식을 통해 3차원을 뛰어넘을 수 있도록 하셨습니다. 우리 어깨에 잔뜩 들어가 있는 힘이 다 빠지고, 내가 할 수 없다고 하는 바로 그 순간 하나님께서 주신 믿음이 당신의 삶을 새롭게 만들 것입니다.

조용기 | 여의도순복음교회 원로목사

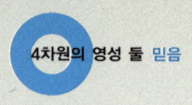

차 례

프롤로그   4

Chapter 1 / 믿음으로 하나님의 세계에 접속하라   24

Chapter 2 / 행복을 주는 믿음의 조건   46

Chapter 3 / 믿음으로 열리는
			놀라운 하나님의 세계　　　　78

Chapter 4 / 믿음으로 시험을 통과하라　　122

Chapter 5 / 믿음으로 말미암아 살리라　　160

"믿음은 바라는 것들의 실상이요 보이지 않는 것들의 증거니 선진들이 이로써 증거를 얻었느니라" 히브리서 11:1-2

Chapter 1

믿음으로 하나님의 세계에 접속하라

4차원의 영성 둘 믿음

믿음으로
하나님의 세계에
접속하라

 어떤 여행가가 사하라 사막을 건너다 어렵게 발견한 오아시스 옆에서 밤을 지내게 되었습니다. 여행가는 자신을 안내하던 가이드가 잠자리에 들기 전 모래 위에서 무릎을 꿇고 진실하게 기도하는 것을 보고 이렇게 질문했습니다.
 "지금 누구에게 기도를 하는가?"
 "하나님께 기도했습니다."
 그러자 여행가는 비웃으며 말했습니다.

"하하! 당신은 그럼 하나님을 보기는 했나?"

"아니요. 보지 못했습니다."

"그러면 당신은 하나님이 계신 것을 어떻게 알지? 나에게 이론적으로 설명할 수 있나?"

이 질문에 가이드는 묵묵부답이었습니다. 가이드가 아무런 대답도 못하자 여행가는 으스대며 이렇게 말했습니다.

"이 세상에 하나님은 없어! 세상의 모든 일은 다 우연히 이루어진 것뿐이네. 우리의 모든 것을 좌지우지 할 수 있는 하나님이라는 존재는 당신처럼 연약하고 못 배운 사람들이 기댈 곳을 찾아 만들어 낸 허상에 불과해. 나같이 유식하고 지혜로운 사람들은 막연하게 하나님이 있다고 믿지 않네. 그러니 자네도 쓸데없는 생각하지 말고 잠이나 자게."

그렇게 말하고 그는 천막에 잠을 자러 들어갔습니다. 가이드는 어둠 속에 혼자 남게 되었습니다. 그는 여행가의 질문에 아무런 대답을 할 수가 없었던 것이 내내 마음에 걸렸습니다. 마음이 너무 답답했습니다. 그래서 그 질문에 대한 적당한 대답을 한참 동안이나 생각했습니다. 그렇게 한참을 자리에 앉아서 생각하더니, 무슨 생각이 났는지 자리에서 벌떡 일어나 자신의 낙타를 데리고 여행가가 자고 있는 천막 주위를 수십 바퀴나 돌았습니다. 그런 다음 가이드는 빙그레 웃으며 낙타를 묶어 놓고 잠에 들었습니다.

아침이 되어 여행가가 일어나 보니, 자신의 천막 주위에 낙타의 발자국이 어지럽게 찍혀 있었습니다. 그래서 그는 가이드를 불러 말했습니다.

"자네, 어젯밤에 낙타 줄을 풀어 놓은 모양이지?"

"아니! 그것을 어떻게 아셨습니까? 낙타가 돌아다니는 것을 보셨습니까?"

"아니! 보지는 못했다네."

"그럼, 보지도 못하셨는데 낙타 줄이 풀려 낙타가 천막 주위를 돌아다녔다는 것을 어떻게 그렇게 확신할 수 있습니까?"

그러자 그 여행가는 그런 질문은 너무 쉽다는 듯이 껄껄 웃으면서 손가락으로 낙타 발자국을 가리키며 말했습니다.

"이것을 보게! 천막 주위에 낙타 발자국이 이렇게 어지럽게 있지 않는가? 안 봐도 낙타가 천막 주위를 돌아다녔다는 것을 분명히 알 수 있지 않는가?"

그의 대답에 가이드는 기다렸다는 듯이,

"그럼 저기를 한번 보십시오"라고 말하며 손가락을 펴서 모래 위를 가리켰습니다.

"햇빛에 반짝이는 찬란하고 아름다운 사막의 광경을 보십시오. 이 오아시스에서 솟아나는 물길을 보십시오. 저 푸른 나무를 보십시오. 새들의 노래 소리를 들어 보십시오. 아름다운 꽃을 보십시오. 이 모든 것이 하나님께서 지으신 발자국이 아닙니까? 당신은 낙타가 천막 주위를 돌아다녔다는 것을 직접 보지는 않았지만, 낙타의 발자국을 보고 확신했습니다. 그렇다면 이 아름답고 찬란한 우주만물을 창조하신 하나님을 당신이 직접 눈으로 볼 수는 없지만 하나님께서 남겨 놓으신 이 증거들을 보고도 왜 하나님의 존재를 믿지 않습니까?"

그러자 이번에는 여행가가 아무 말도 못하고 묵묵부답이었습니다.

이 이야기에서 보듯이 인간에게는 눈으로 보이지 않는 실체를 인식할 수 있는 도구가 있습니다. 그것이 바로 '믿음'입니다. 믿음은 기독교 신앙에 있어서 하나님과 인간 사이를 이어 주는 핵심 주제입니다. 즉 믿음은 3차원의 제한된 세계에서 살아가는 인간이 4차원의 무한한 세계와 접속할 수 있도록 도와주는 사용자 아이디user ID라고 할 수 있는 것입니다. 그러므로 4차원의 은혜를 경험하는 삶을 살기 위해서는 하나님께서 우리에게 주신 '믿음'을 제대로 이해하는 것이 중요합니다.

믿음으로 만나는 창조주 하나님

현대 사회는 문자 그대로 하나님 없이도 잘 굴러 가는 것처럼 보입니다. 사람들은 자신의 힘만으로도 충분히 잘 해 나갈 수 있기 때문에 하나님을 필요로 하지 않습니다. 심지어는 교회에서조차도 그러합니다. 따라서 우리는 분명히 종교적인 활동을 하고 있으면서도 어떤 의미에서는 세속적일 수 있습니다. 이것이 바로 오늘날 너무나 많은 그리스도인이 부지중에 사실은 무신론자인 이유입니다. 그들은 초자연적인 하나님을 믿는다고 고백하지만 삶에 있어서 하나님이 아닌 자신만을 믿고 따르는 행동과 생활은 무신론자와 다를 바 없습니다.

그러면 우리는 무엇을 믿어야 할까요? 믿으라고 하는데 구체적으로 무엇을 믿어야 할까요?

성경은 우리가 믿어야 할 대상에 대해 분명하게 제시하고 있습니다.

로마서 1장 19절에서 20절까지를 보면 "이는 하나님을 알 만한 것이 그들 속에 보임이라 하나님께서 이를 그들에게 보이셨느니라 창세로부터 그의 보이지 아니하는 것들 곧 그의 영원하신 능력과 신성이 그가 만드신 만물에 분명히 보여 알려졌나니 그러므로 그들이 핑계하지 못할지니라"고 말씀하고 있습니다.

이것이 무슨 말씀입니까? 사람들이 "나는 하나님이 계신 것을 보지도 못했고, 듣지도 못했습니다. 그러므로 믿을 수가 없었습니다"라고 핑계하지 못하도록 하나님께서 살아 계신 증거를 자연 곳곳에 가득히 채워 놓았다는 말씀입니다.

시편 19편 1절에서도 "하늘이 하나님의 영광을 선포하고 궁창이 그의 손으로 하신 일을 나타내는도다"라고 말씀하고 있습니다. 다시 말해, 자연은 하나님의 존재를 증명하며 이를 통해 우리의 믿음을 더욱 견고하게 해준다고 밝히고 있습니다. 하늘의 무수한 별, 찬란한 태양, 밝은 달빛 그리고 흐르는 강물, 출렁이는 대양, 이 모든 만물이 하나님의 손길로 지어졌다는 것을 성경이 말하고 있는 것입니다. 만약 이것을 보고도 하나님의 손길을 깨닫지 못한다면 그것은 하나님의 증거가 없어서 그런 것이 아니라, 우리의 마음이 죄악으로 완악해져서 하나님의 영광을 바라보는 눈을 잃어버렸기 때문입니다.

믿음으로 만나는 영혼의 구세주, 예수 그리스도

위에서 설명한 대로 우리는 자연을 통해서 하나님께서 진실로 존재한다고 믿을 수 있습니다. 그러나 하나님께서는 일반적인 자연현상들 외에 그것을 뛰어넘는 특별한 비밀을 우리에게 이미 보여 주셨습니다. 그것은 바로 하나님의 아들이신 예수 그리스도입니다.

"말씀이 육신이 되어 우리 가운데 거하시매 우리가 그의 영광을 보니 아버지의 독생자의 영광이요 은혜와 진리가 충만하더라 요한이 그에 대하여 증언하여 외쳐 이르되 내가 전에 말하기를 내 뒤에 오시는 이가 나보다 앞선 것은 나보다 먼저 계심이라 한 것이 이 사람을 가리킴이라 하니라 우리가 다 그의 충만한 데서 받으니 은혜 위에 은혜러라 율법은 모세로 말미암아 주어진 것이요 은혜와 진리는 예수 그리스도로 말미암아 온 것이라 본래 하나님을 본 사람이 없으되 아버지 품 속에 있는 독생하신 하나님이 나타내셨느니라" 요한복음 1:14-18

우리는 하나님을 눈으로는 보지 못했지만, 예수 그리스도께서 육신으로 우리 가운데 오셔서 하나님을 나타내셨다는 사실을 알 수 있습니다. 따라서 우리는 예수 그리스도를 통해서 하나님을 보고, 예수 그리스도를 통해서 하나님의 음성을 듣고, 예수 그리스도를 통해서 하나님을 만지고, 예수 그리스도를 통해서 하나님과 함께 살 수 있습니다. 그러므로 이제는 예수 그리스도를 통해서 살아 계신 하나님을 부인할 수 없게 된 것입니다. 더

구나 예수 그리스도께서 십자가에서 몸 찢고 피 흘려서 우리를 값 주고 사신 그 대속의 은총은 우리의 심장을 뒤흔들어 놓았습니다.

아담의 범죄 이후 하나님과 우리 사이에는 우리가 쌓아올린 죄악의 담이 놓여 있어서 우리가 하나님께로 갈 수도 없었고, 하나님께서 우리에게로 가까이 오시지도 못하였지만, 그리스도의 보혈은 그 담을 헐어 버리고 말았습니다. 그 결과로 하나님께서는 성령으로 우리에게 다가오실 수 있게 되었으며, 우리는 기도로 하나님의 보좌 앞으로 나아갈 수 있게 되었습니다.

프랑스의 사상가 시몬 베유Simone Weil는 "우리의 고향은 그리스도의 십자가입니다"라고 했습니다. 그러나 죄인인 우리가 예수 그리스도를 만나는 것은 전적으로 불가능한 일입니다. 우리 영혼의 구세주이신 예수 그리스도를 만나서 십자가를 우리의 고향으로 삼기 위해서 반드시 필요한 것이 있습니다. 그것은 오직 은혜로만 주어지는 선물인 '믿음' 입니다.

"너희는 그 은혜에 의하여 믿음으로 말미암아 구원을 받았으니 이것은 너희에게서 난 것이 아니요 하나님의 선물이라 행위에서 난 것이 아니니 이는 누구든지 자랑하지 못하게 함이라" 에베소서 2:8-9

한 양치기 소년의 죽음

스코틀랜드의 북부 지방에는 깊은 계곡을 가로지르는 높은 철교가 있었습니다. 그 철교 아래로는 푸른 강물이 흐르고 있었습니다. 철교 위에서 밑을 내려다보면 정신이 아찔할 정도였습니다. 그런데 어느 이른 아침에 양치는 소년이 보니까 지난밤에 비가 많이 내리는 바람에 계곡물이 넘쳐나 다리가 떠내려가고 철교가 무너져 있었습니다.

그때 멀리서 기차가 다가오는 소리가 들렸습니다. 철길이 무너졌다는 사실을 알 리 없는 기차가 그대로 달려오다가는 기차에 탄 수백 명의 사람이 큰 사고를 당할 것이 불 보듯 뻔했습니다. 소년은 다급하게 철길로 뛰어들어 옷을 벗어 흔들며 기차를 향해서 외쳤습니다.

"STOP! STOP! 멈추세요!"

마침 기차를 운전하는 기관사가 소년을 보았습니다. 안타깝게도 기관사는 소리를 듣지 못했습니다. 오히려 웬 양치기 소년이 철길 가운데 서서 옷을 흔들고 있으니까 나가라고 기적을 울렸습니다. 그래도 소년은 꼼짝않고 옷을 흔들었고, 기관사는 결국엔 브레이크를 밟아서 기차를 세웠습니다. 그러나 이미 소년은 기차에 깔려서 온 몸이 갈기갈기 찢겨져 죽고 말았습니다.

깜짝 놀란 기관사가 기차에서 내렸는데, 기차는 무너진 철교 바로 앞에 멈춰 서 있었습니다. 아래를 보니 철길 밑으로 흐르는 강물에 무너진 철교의 교각이 둥둥 떠 있었습니다.

만약 철로가 없는 다리를 향해 기차가 계속 달렸더라면 기차에 타고 있던 수백 명이 몰사했을 것입니다. 사람들은 그것을 보고 얼굴이 창백해져서 몸을 부들부들 떨었습니다. 그때 기관사가 말했습니다.

"여러분 이곳에 와 보십시오. 우리의 생명을 살리기 위해서 대신 목숨을 바친 양치기 소년을 보십시오."

사람들이 모두 와서 소년의 몸이 산산조각 난 처참한 장면을 보았습니다. 소년은 달리는 기차를 세우기 위해 자신의 목숨이 위협받는 상황에서도 철로에 서서 끝까지 신호를 보냈던 것이었습니다.

이 사건은 한 소년의 생명이 수백 명을 살린 실화 입니다. 이 뉴스는 '우리의 생명을 구원한 영웅'이라는 제목의 해외토픽으로 신문에 실린 적이 있습니다. 이 사건에서 양치기 소년은 예수 그리스도가 우리를 위해서 대신 돌아가신 사건에 비유할 수 있습니다. 끊어진 교량을 향해 달려가는 기차처럼, 우리는 지옥을 향해서 달려가고 있었습니다. 그런데 우리가 달려가는 그 앞길을 막은 분이 바로 예수 그리스도인 것입니다. 자신의 온몸이 찢기시고 마지막 피 한방울까지 모두 흘리시며 멸망으로 가는 우리의 앞길을 막아 주셨습니다. 오히려 그의 보배로운 피의 공로로 천국에 이르는 길을 열어 놓으셨습니다. 그러므로 예수 그리스도 안에 있는 우리에게는 행복과 소망의 길이 열려 있습니다.

믿음으로 만나는 인생의 기준, 성경

창세기부터 요한계시록까지 기록된 하나님의 말씀은 하나님께서 우리에게 주신 선물입니다. 말씀을 통해 우리는 하나님의 음성을 듣고, 대화하며, 더 깊이 하나님을 알게 되어 건강한 믿음을 소유하게 됩니다. 성도란 성경이 말하는 것으로 인생의 기준을 삼는 백성입니다.

성도는 말씀 이외에 어떠한 계시도 믿어서는 안 됩니다. 우리가 기가 막힌 환상을 보고 계시를 받고 묵시를 받았다고 해도 하나님 말씀에 어긋나면 그것은 다 거짓

이요, 사탄의 궤계에 불과한 것으로 인정해야 합니다. 이처럼 우리는 말씀 속에서 하나님을 만나고, 말씀 속에서 예수님을 따라가야 합니다. 말씀을 뛰어넘는 하나님의 계시나, 말씀을 뛰어넘는 예수 그리스도의 묵시는 없습니다. 사탄은 언제나 우리에게 광명한 천사로 다가올 수 있습니다. 이 광막한 영적인 세계 속에서 우리의 갈 길은 오직 성경밖에 없다는 것을 명심해야 합니다.

로마서 10장 16절에서 17절 말씀은 우리의 믿음이 그리스도의 말씀에 기초를 두고 있다고 밝히고 있습니다.

> "그러나 그들이 다 복음을 순종하지 아니하였도다 이사야가 이르되 주여 우리가 전한 것을 누가 믿었나이까 하였으니 그러므로 믿음은 들음에서 나며 들음은 그리스도의 말씀으로 말미암았느니라" 로마서 10:16-17

우리가 "믿습니다"라고 말하는 것도 주님의 말씀을 믿겠다는 고백입니다. 하나님께서 주신 말씀이 있기 때문에 믿을 수 있는 것이지, 만약 말씀이 없다면 우리의 믿음이란 허공을 치는 외침에 불과했을 것입니다. 오직 성경, 곧 하나님의 말씀이 우리 믿음의 기초가 됩니다. 그러므로 성도는 말씀 위에 뿌리를 두고 성경의 교훈대로 믿음을 굳게 지켜야 합니다.

"그 안에 뿌리를 박으며 세움을 받아 교훈을 받은 대로 믿음에 굳게 서서 감사함을 넘치게 하라" 골로새서 2:7

지금까지 우리는 우리가 믿어야 할 대상에 대해 살펴보았습니다. 하나님의 사랑, 예수님의 구원, 진리의 기준인 성경. 이 세 가지는 모두 믿음의 만남을 통해서만 얻을 수 있는 비밀입니다. 이제부터 우리의 믿음에 대한 논의를 '대상'에서 옮겨와 '적용'으로 살펴보고자 합니다. 4차원의 믿음이란 무엇인지, 하나님의 믿음을 받아들인다는 것이 무엇인지, 예수 그리스도의 구속의 은총을 믿는다는 것은 무엇을 의미하는 것인지, 하나님의 말씀을 믿을 때 어떻게 삶 속에 적용해야 4차원으로의 초월을 경험할 수 있는지를 살펴보는 일입니다.

당신은 믿음의 시력이 얼마나 됩니까?

 죄 바이러스에 감염되어 아담이 하나님으로부터 버림받게 되면서 아담의 후손으로 태어난 모든 인간은 믿음의 시력을 완전히 잃게 되었다. 그 후 인간의 믿음의 시력은 한치 앞도 분간 할 수 없는 '1급 믿음 시각 장애인'으로 살아가게 되었다.

 에덴동산에서 추방당한 인간의 모습은 비참하고 불행하기 이를 데 없었다. 가인의 형제 살인과 라멕의 일흔 일곱 배에 달하는 무자비한 보복 폭행은 믿음 없이 사는 인생이 얼마나 불행한 삶인가를 적나라하게 보여 준다.

 그러므로 인간에게 있어 행복을 찾는 지름길은 하루

빨리 믿음의 시력을 회복하는 길뿐이다. 감사하게도 성경에는 처음에는 죄인의 길을 걸었으나 믿음의 시력을 회복하여 의인이 된 사람들이 있다. 바울은 다메섹으로 가는 도중 빛 되신 주님을 만나면서 그의 눈에서 비늘 같은 것이 벗겨지고, 믿음의 시력을 회복할 수 있었다. 그 후에는 일평생 주와 함께 행복을 누리는 값진 삶을 살았다. 이처럼 성경은 믿음을 설명할 때 눈을 은유적으로 즐겨 사용하는 것을 볼 수 있다. 믿음의 눈을 소유할 때, 우리는 하나님과 그의 아들 예수 그리스도, 그리고 그를 증거 하는 말씀을 비로소 보게 된다.

"그가 백 세나 되어 자기 몸이 죽은 것 같고 사라의 태가 죽은 것 같음을 알고도 믿음이 약하여지지 아니하고 믿음이 없어 하나님의 약속을 의심하지 않고 믿음으로 견고하여져서 하나님께 영광을 돌리며 약속하신 그것을 또한 능히 이루실 줄을 확신하였으니 그러므로 그것이 그에게 의로 여겨졌느니라" 로마서 4:19-22

Chapter 2
행복을 주는 민음의 조건

4차원의 영성 둘 믿음

행복을 주는 믿음의 조건

스페인 격언에 "돈을 잃어버린 자는 큰 것을 잃은 자다. 친구를 잃어버린 자는 더 큰 것을 잃은 자다. 그러나 믿음을 잃어버린 자는 모든 것을 잃은 자다"라는 말이 있습니다. 왜 그렇습니까? 믿음이야말로 삶의 원천이기 때문입니다. 또한 하나님은 "나의 의인은 믿음으로 말미암아 살리라"히 10:38고 말씀하셨습니다. 믿음으로 말미암아 사는 것이 우리 인생을 향한 하나님의 뜻이라는 말씀입니다.

믿음은 우리로 하여금 하나님의 세계가 멀리 있는 것이 아니라, 우리 삶의 현장에서 피부로 느낄 수 있을 만큼 가까운 거리에 있음을 깨닫게 도와줍니다. 하나님께서 주시는 고차원의 행복이 바로 여기 믿음에 있음을 알아야 합니다. 믿음이야말로 제한된 우리의 인생을 무한한 하나님의 세계로 접속하도록 도와줄 수 있습니다.

그렇다면 믿음으로 말미암아 사는 길에는 무엇이 있을까요? 지구상에 존재하는 모든 사람이 살아가는 나라와 지역에 따라 민족적, 문화적 특성을 갖고 있듯이, 믿음의 사람만이 가지고 있는 공통적인 특징이 있습니다.

하늘의 양식을 먹어라

믿음의 사람은 하늘의 양식을 먹고 삽니다. 위대한 부흥사였던 드와이트 무디 Dwight Moody 목사는 믿음에 대해서 이렇게 말했습니다.

나는 하나님께 믿음을 달라는 기도를 자주 하곤 했다. 그러면서 나는 믿음이 하늘로부터 뚝! 뚝! 떨어질 것을 기대했었다. 그러나 시간이 흘러도 믿음은 오는 것 같지 않았다. 그러던 어느 날 로마서 10장 17절을 읽게 되었다. "믿음은 들음에서 나며 들음은 그리스도의 말씀으로 말미암았느니라" 이 말씀을 읽는 순간 지금까지 믿음을 달라고 기도하면서 성경은 덮어 놓고 있었던 나의 어리석음을 깨달았다. 그 후로 나는 성경을 공부하기 시작했고, 성경 말씀이 나의 마음속에 들어오면서 믿음이 부쩍부쩍 자라나는 것을 깨달을 수 있었다.

무디의 일화에서 알 수 있듯이 믿음의 근거는 하나님의 말씀입니다. 우리의 믿음은 하늘의 양식을 먹고 자라납니다.

성경에 등장하는 믿음의 위인들도 모두 하늘의 양식을 먹고 자란 사람들이었습니다. 그중에서 믿음의 조상인 아브라함도 마찬가지였습니다. 창세기 15장 6절을 보면 "아브람이 여호와(야훼)를 믿으니 여호와(야훼)께서 이를 그의 의로 여기시고"라고 말하고 있습니다. 하나님께서는 아브라함이 타고난 의인이거나 잘난 사람이기에 의롭게 여긴 것이 아닙니다. 아브라함은 원래 착한 사람이었습니다. 보편적으로 괜찮은 사람이긴 했지만 아쉽게도 자꾸 '이쪽으로 왔다 저쪽으로 갔다' 하며, 4차원에 있는가 싶으면 3차원에 있고 3차원에 있는가 싶으면 4차원에 있는 것이 문제였습니다. 그러나 아브라함이 하늘의 별들을 보고 난 다음에는 하나님의 약속을 믿게 되었고 하나님께서는 이를 매우 기뻐하셨으며 그것을 의로 여기셨습니다.

믿음의 사람은 무엇보다 하나님의 말씀을 삶의 기준으로 인정하고 살아가는 사람입니다. 말씀은 믿음의 재료입니다. 이스라엘 백성이 애굽에서 살 때는 인간의 수단과 방법으로 일해서 그 대가로 떡을 사서 먹었습니다.

혹은 농사를 지을 때는 나일 강의 물을 대어서 씨를 뿌리고 열매를 거두었던 것입니다. 이처럼 애굽에 사는 모든 삶은 인간이 계획하고 인간이 애쓰고 인간이 노력해서 결실을 맺어서 먹고 사는 것이었습니다.

그러나 모세를 따라 홍해를 건너 광야로 나왔을 때는 인간의 힘으로는 살 수가 없었습니다. 물도 없고, 밭도 없고, 논도 없고, 종자를 뿌려봤자 자라날 수도 없는 환경이었습니다. 황막한 광야, 황막한 산천이었습니다. 그러므로 어찌할 도리 없이 그들은 하늘을 쳐다볼 수밖에 없었습니다. 자기를 바라보고 살 수도 없고 환경을 바라보고 살 수도 없었습니다. 살아남을 길이 하늘밖에 없고 하늘에서 들려오는 것은 하나님의 말씀밖에 없었습니다.

하나님 말씀을 의지해야만 살 수가 있었고, 하나님 말씀을 의지할 때 그들은 하나님의 능력으로 살았던 것입니다. 애굽에서 살 때는 인본주의로 인간의 수단과 방법으로 살았는데 광야를 지날 때는 신본주의로 오직 하나님의 말씀만 붙들고 살 수밖에 없었습니다.

"내가 너희를 위하여 하늘에서 양식을 비 같이 내리리니 백성이 나가서 일용할 것을 날마다 거둘 것이라 이같이 하여 그들이 내 율법을 준행하나 아니하나 내가 시험하리라" 출애굽기 16:4

예수님께서도 "사람이 떡으로만 살 것이 아니요 하나님의 입으로부터 나오는 모든 말씀으로 살 것이라"마 4:4고 말씀하셨습니다. 그리고 요한복음 1장 1절에 보면 "태초에 말씀이 계시니라 이 말씀이 하나님과 함께 계셨으니 이 말씀은 곧 하나님이시니라"고 말씀하고 있습니다. 하나님의 말씀으로 산다는 것은 하나님으로 말미암아 사는 것을 의미합니다. 즉, 인간의 수단과 방법으로 사는 것이 아니라 하나님을 따라 하나님의 능력과 은혜로 사는 것을 말합니다.

믿음을 선택하라

믿음의 사람이 되는 길은 매 순간 하나님께서 주신 믿음을 나의 것으로 선택할 수 있느냐 없느냐에 달려있습니다. 하나님의 임재를 경험하지 못하는 무기력한 우리의 신앙생활이 강력한 하나님의 임재와 능력을 경험하도록 4차원의 영성에 이르게 하는 것은 다름 아닌 믿음입니다.

믿음으로 4차원의 세계에 접속할 때 중요한 것은, 믿음은 우리 스스로 개발하고 업그레이드 할 수 없다는 사실을 인정하는 것입니다. 우리의 믿음이 4차원에 접속한 믿음이 되기 위해서는 믿음이란 감정이나 운명이 아닌 선택의 영역이라는 사실을 기억해야 합니다.

믿음은 "믿을 것이냐? 믿지 아니할 것이냐?"의 기로에서 내려야할 선택의 문제입니다. 결코 믿음은 감정의 영역에 속하는 것이 아닙니다. 감정이 우리의 신앙생활에 도움이 될 수는 있지만, 믿음은 감정이 아닌 선택의 영역입니다. 만약 믿음이 감정의 영역이었다면, 왜 성경에서 예수님께서 "네 믿음이 없다"며 제자들을 꾸짖으셨겠습니까. 또한 만약 믿음이 감정의 영역이라면, 계속해서 마음속에 뜨거운 감정의 불이 일어나지 않으면 우리는 믿음이 있다고 고백할 수 없을 것입니다.

주님이 제자들을 향해 "믿음이 없는 자들"이라고 꾸짖으신 이유는 믿음은 선택의 영역이기 때문에 그렇습니다. 성경은 믿음이 선택의 문제임을 보여 주고 있습니다. 하나님은 각 사람에게 분량대로 믿음을 주셨다고 말씀했습니다롬 12:3. 베드로가 물 위로 걸어갈 때, 베드로의 문제는 예수님을 믿을 것이냐, 환경을 바라볼 것이냐의 문제였습니다. 그래서 환경을 바라본 베드로에게 "믿음이 적은 자여!"라고 꾸짖은 것입니다. 믿음은 선택의 문제이며, 우리의 감정이 아닌 이성에 의해 통제될 수 있는 영역의 것입니다.

그런데 믿음이라는 것은 4차원이기 때문에 3차원의

시각으로는 이해되지 않더라도 믿는 것입니다. 3차원의 세계에 속해 있는 믿음이 없는 사람들의 눈에는 믿음을 갖고 사는 것이 비이성적, 비과학적, 비철학적인 일로 보입니다. 이들의 눈에 믿음으로 산다는 것은 절대 이해 불가능한 '아닐 비' 非의 세계입니다.

그러나 믿음의 세계가 이성, 과학, 그리고 철학을 무시하는 것은 아닙니다. 오히려 세상의 모든 이치를 인정합니다. 그러나 독특하게 믿음의 세계관은 '초월'을 인정합니다. 그러므로 믿음의 세계관은 '아닐 비'의 세계관이 아니라 '벗을 탈' 脫의 세계관입니다.

네 믿음이 어디 있느냐

예수님은 배를 타고 갈릴리 호수를 건너가다가 풍랑을 만나 어리둥절해 하는 제자들을 보시고 풍랑을 잠잠케 하신 뒤 이렇게 말씀하셨습니다. "너희 믿음이 어디에 있느냐" 눅 8:25 예수님께서는 제자들에게 믿음이 없다고 꾸짖지 않았습니다. 믿음을 어디에 두었느냐고 질문하셨습니다.

예수님께서 이렇게 질문하시는 이유가 무엇일까요? 제자들이 예수님과 함께 배를 탔을 때 주님께서는 "저 바다 건너편으로 가자"고 말씀하셨습니다. 주님께서 건너가자고 했으면 바람이 불고 파도가 치고 배가 뒤엎어져도 갑니다. 하나님의 말씀은 저 하늘이 무너지고 이 땅이 꺼져도 이루어지는 것입니다. 그런데 제자들이 세상과 같이 살면서 하나님의 언약의 말씀을 잊어버리고 만 것입니다.

예수님을 믿는 사람이 세상 사람과 다른 것이 무엇입니까? 우리는 떡으로 살지 않고 말씀으로 사는 사람들입니다. 우리는 세상의 떡과 물로써 사는 것이 아니라 하나님께서 주신 언약의 말씀을 믿고 의지해야만 온전히 살 수 있습니다.

이스라엘 백성이 애굽에 살 동안에는 430년 간 떡으로 살았습니다. 그러나 그들이 홍해를 건너서 광야로 들어왔을 때는 떡으로 살 수가 없었습니다. 광막한 사막에 양식도, 물도, 병원도, 의복도 없었습니다. 그들은 오직 하나님 말씀만 바라보았습니다. 모세가 하나님 말씀을 받아서 전하고 이스라엘 백성이 그 말씀을 믿었을 때 말씀을 통해서 만나도 내리고, 메추라기도 오고, 물도 생겨나고, 병도 낫고, 의복도 낡아지지 않은 것입니다. 그들은 40년 동안 떡으로 살지 않고 하나님 말씀으로만 살았습니다.

오늘날도 예수님을 믿는 사람들은 다른 세계 속에서 살고 있음을 알아야 합니다. 세상 사람들은 모두 3차원의 세계 속에 시간과 공간과 물질에 의지해서 살지만, 우리는 3차원의 세계를 초월한 성령 하나님의 세계 속에 살고 있는 것입니다. 성령은 말씀을 통하여 우리에게 찾아오셔서 말씀으로 우리의 모든 문제를 해결하여 주십니다.

성경말씀은 세상 말이 아닙니다. 세상의 철학자나 과학자나 종교인의 말이 아닙니다. 이 말씀은 하나님께서 우리에게 선물로 주시는 말씀입니다. 우리가 말씀을 읽고 듣고 깨달아 알고 말씀에 서서 하나님을 섬기며 살면, 하나님께서는 오늘날 우리가 어떠한 광야 같은 삶을 살더라도 우리에게 기적을 베풀어 주십니다.

예수님께서 제자에게 한 질문이 그것입니다. 바람이 불고, 파도가 치고, 물이 배에 가득한 것은 3차원의 세계 속에 일어날 수 있습니다. 그러나 이 3차원의 세계를 다스리고 돌볼 수 있는 하나님의 말씀, 성령의 말씀을 주시는데, "너희가 그 말씀을 믿지 않고 무엇을 했느냐? 믿음을 어디다 두었느냐?" 그렇게 물으신 것입니다. 그리고 예수님께서는 말씀하신 대로 바다와 파도를 잠잠케 하셨습니다.

"이에 그들이 그들의 고통 때문에 여호와(야훼)께 부

르짖으매 그가 그들의 고통에서 그들을 인도하여 내시고 광풍을 고요하게 하사 물결도 잔잔하게 하시는도다" 시편 107:28-29

주님께서는 오늘날 우리가 말씀을 읽고 나올 때 어떠한 파도도 잠잠케 만들어 주십니다. 말씀을 믿어야 합니다. 세상 사람들과는 달리 우리에게 주어진 특권은 바로 말씀을 가지고 있고, 말씀을 믿는다는 것입니다. 우리는 말씀에 서서 사는 사람들입니다.

주님과 거리를 두고 멀리 떠나 있으면 할 수 없이 자기 감성이나 감각이나 환경의 지배를 받을 수밖에 없습니다. 제자들이 주님과 거리를 두고 있을 때는 바람을 보았습니다. 파도를 보고 두려워했습니다. 그러나 예수님과 같이 하면 그들은 바람이 불고 파도가 일어도 두려워하지 않습니다. 왜냐하면 예수님은 파도보다 강하시고 바람보다도 강하시고 모든 것보다 강하시기 때문입니다. 주님께서 우리를 얼마나 사랑하기에 십자가에 못

박혀 몸 찢기고, 피 흘려, 우리를 값 주고 사셨겠습니까? 그러므로 주님은 우리를 결코 버리지 않으시고 떠나지 않으시는 것입니다.

제가 어린 시절 시골에 살 때 저희 집 닭장에 불이 나서 많은 닭이 타 죽었습니다. 닭장 안에 가 보니 암탉이 날개를 옆으로 활짝 펴고 있는데, 자세히 보니 암탉이 완전히 통닭구이가 된 것처럼 온몸이 불에 타 있었습니다. 그런데도 날개를 움츠리고 있는 것이 아니라 활짝 펴고 앉아 있었습니다. 모양이 이상해서 날개를 들어보니까 그 밑에 병아리들이 살아 있었습니다. 암탉은 병아리가 불에 타 죽지 않도록 하기 위해 불길을 온몸으로 막으면서 병아리를 보호했던 것입니다.

이처럼 예수님께서는 우리를 영원한 죄와 사망에서 건지시기 위해서 당신이 십자가를 대신 짊어지고 몸이 찢기고 피를 흘려 돌아가시면서까지 우리에게 생명을 주시려고 하신 것입니다. 때문에 우리가 주님을 믿으면 주님은 우리와 같이 계시고 우리를 영원히 떠나지 않으십니다. 우리가 말씀을 통하여 주님께 나아가면 주님은 결코 우리를 버려두지 않으십니다.

믿음의 모험을 시도하라

믿음의 사람은 인간으로서는 상상할 수 없는 담대한 일을 할 수 있습니다. 저는 항상 저의 삶을 돌아 볼 때 일생 동안 번지점프를 한 기분입니다. 번지점프 하는 것을 보면, 높은 곳에 올라가서 뒤에 줄을 매달고 뛰어내립니다. 거의 밑바닥에 닿을 때까지는 그냥 자유낙하를 합니다. 그런데 바닥에 떨어지기 직전에 줄이 철컥 붙잡아 주어 사람을 다치지 않게 합니다.

믿음이라는 것은 말씀을 마음속에 품고 말씀의 줄에 묶여서 번지점프를 하는 것입니다. 벼랑에 서서 몸을 날리는 것입니다. 눈으로 볼 때는 아찔합니다. 귀로 들으면 저 밑에 계곡물 소리가 들립니다. 피부로 느껴도 밑에서 불어오는 바람이 차갑게 스쳐갑니다. 모든 환경이 "위험해! 뛰어내리면 절망이다"라고 말합니다.

보통 사람들 같으면 그 낭떠러지 곁에 가지 않는 것이 정상입니다. 가능한 한 멀리 떨어져 있으려고 할 것입니다. 그런데 예수님을 믿는 사람은 그런 낭떠러지까지 나아갑니다. 이유가 무엇입니까? 우리는 눈에 보이지 않지만, 말씀이 나를 묶고 있는 것을 알고 있기 때문입니다. 말씀의 밧줄이 나를 묶고 있으므로 번지점프 하는 것처럼 벼랑에서 몸을 날려도 나중에 땅에 부딪힐 정도가 되면 철컥하고 그 말씀의 줄이 나를 붙잡아 줄 것을 알고 있는 것입니다. 이것이 바로 믿음을 번지점프에 비유한 이유입니다.

믿음이 우리를 처음부터 붙잡아 주는 것은 아닙니다. 눈에는 아무런 증거가 보이지 않습니다. 귀에는 아무 소리도 들리지 않습니다. 손에는 잡히는 것이 없습니다. 내 앞길도 캄캄합니다. 그럼에도 말씀의 줄을 잡고 뛰어

내리는 것입니다. 그렇기 때문에 말씀을 믿고 모험을 하는 사람이 아니고는 믿음의 사람이 될 수 없습니다.

용감한 믿음의 모험가, 다윗

다윗은 모험의 사람이었습니다. 어릴 적부터 아버지의 양을 칠 때, 사자와 곰이 나타나서 양 새끼를 물고 가려고 하면 목숨을 걸고 싸워 이겼습니다. 어떻게 열일곱 살쯤 되는 소년이 사자나 곰에 대항해서 싸울 수가 있었을까요? 아마 하나님께서 함께하신다는 믿음이 없었다면 결코 사자나 곰에게 덤벼들 수 없었을 것입니다. 만약 믿음 없이 달려들었다면 아주 위험하고 무모한 일인 것입니다. 그러나 다윗은 모험을 할 때, 하나님께서 함께하신다는 굳건한 믿음을 가지고 있었기 때문에 하나님의 능력으로 말미암아 사자와 곰을 상대로 승리할 수 있었습니다.

"주의 종이 아버지의 양을 지킬 때에 사자나 곰이 와서 양 떼에서 새끼를 물어가면 내가 따라가서 그것을 치고 그 입에서 새끼를 건져내었고 그것이 일어나 나를 해하고자 하면 내가 그 수염을 잡고 그것을 쳐죽였나이다" 사무엘상 17:34-35

그가 나중에 이스라엘의 적군인 골리앗을 대항해서 싸운 것도 엄청난 모험이었습니다. 이미 사울 왕은 두려워서 뒤로 물러간 지 한참이었고, 백전백승을 했던 이스라엘 용사들도 다 벌벌 떨고 뒤로 물러갔습니다. 그런데 이러한 백전노장을 모두 제쳐 놓고 소년에 불과했던 다윗이 골리앗을 대항해서 나간다는 것은 엄청난 모험이었습니다. 아마 스스로 생각하기에도 내세울 것이 없었을 것입니다. 키를 재 봐도 어림없고, 몸무게를 재 봐도 어림없고, 전투 경험을 따져 봐도 어림없었습니다. 상대가 되지 않았습니다. 그럼에도 다윗이 벼랑에서 몸을 날릴 수 있었던 것은 하나님께서 함께하신다는 믿음이 있었기 때문입니다.

반면에 사울은 하나님을 믿어도 모험을 하지 않았습니다. 이스라엘의 용사들도 하나님을 믿었으나 모험은 하지 않았습니다. 그러므로 믿음의 역사가 일어날 수 없었습니다. 하나님의 역사가 나타나기 위해서는 환경을 뛰어넘는 믿음이 필요합니다. 다윗의 믿음처럼 말입니다. 다윗은 믿음의 번지점프를 하면서 다음과 같이 고백했습니다.

"주의 종이 사자와 곰도 쳤은즉 살아 계시는 하나님의 군대를 모욕한 이 할례 받지 않은 블레셋 사람이리이까 그가 그 짐승의 하나와 같이 되리이다" 사무엘상 17:36

"다윗이 블레셋 사람에게 이르되 너는 칼과 창과 단창으로 내게 나아 오거니와 나는 만군의 여호와(야훼)의 이름 곧 네가 모욕하는 이스라엘 군대의 하나님의

이름으로 네게 나아가노라" 사무엘상 17:45

다윗도 하나님을 본 적이 없습니다. 우리와 마찬가지로 하나님이 계신지 안 계신지 알 수 없었습니다. 눈으로 볼 수 없었고, 귀로 들을 수 없었으며, 몸으로 느낄 수도 없었습니다. 그럼에도 그는 믿음을 선택하였습니다. 왜냐하면 하나님의 언약을 신뢰했기 때문입니다. 무슨 언약입니까? 할례의 언약입니다. 하나님께서 우리와 영원히 함께하시겠다는 표시로 주신 할례의 언약입니다.

그런데 오늘날 우리는 할례보다 더 위대한 언약을 받았습니다. 그것은 예수 그리스도의 십자가의 보혈로 맺은 언약입니다. 그런 의미에서 그리스도인은 예수 그리스도의 십자가의 언약을 믿는 사람입니다. 예수님의 보혈을 의지하는 사람은 하나님께서 함께하시는 사람입니다. 할례의 언약을 믿은 다윗도 믿음으로 모험을 택했는데, 오늘날 예수님의 보혈로 언약을 맺은 우리가 어떻게 모험을 선택하지 않을 수 있겠습니까. 우리가 기억해야 할 것은 모험이 없으면 하나님은 어떠한 역사도 나타내지 않으신다는 사실입니다.

믿음의 번지점프를 한 사람, 베드로

베드로가 밤새도록 물고기 한 마리 잡지 못하고 새벽녘에 배에서 그물을 씻고 있을 때였습니다. 베드로는 예수님께서 배를 빌려 달라고 하시기에 그렇게 했습니다. 그런데 예수님은 배에서 말씀을 전하고 난 다음 해가 중천에 떠오를 때쯤, 베드로에게 "깊은 데로 가서 그물을 내려 고기를 잡으라"눅 5:4고 하셨습니다. 갈릴리 호수는 물이 맑기 때문에 밤에 물고기가 해변으로 나오고 해가 뜨면 전부 물 한가운데 들어가서 물 밑바닥으로 내려가므로 그물을 쳐도 물고기가 잡히지 않습니다. 그래서 해가 중천에 떠 있을 때는 고기를 잡을 수가 없습니다. 따라서 예수님의 말씀은 어이없는 말이었습니다.

베드로가 어이가 없어 예수님을 바라보았습니다. 그러나 예수님의 형형한 눈빛과 그 권위에 눌려서 이렇게 말했습니다.

"우리들이 밤이 새도록 수고하였으되 잡은 것이 없지마는 말씀에 의지하여 내가 그물을 내리리이다" 누가복음 5:5

바로 이것이 모험입니다. 베드로가 예수님을 모시고 바다 한가운데로 배를 저어 가니 모든 어부가 다 보고 비웃었습니다.

"저렇게 정신이 없는 사람이 있나! 밤이 새도록 강에서 고기를 한 마리도 못 잡은 사람이 이런 대낮에 물고기를 잡으러 나간다니, 저런 엉터리 같은 일이 어디 있는가? 저런 모험이 어디 있는가!"

그러나 주변 사람들의 비웃음과는 달리, 예수님의 말씀을 믿고 모험을 나간 베드로는 그물이 찢어지도록 많은 고기를 잡을 수 있었습니다. 자기의 배가 작아서, 동료의 배까지 불러서 가득히 채울 수 있었습니다.

> "깊은 데로 가서 그물을 내려 고기를 잡으라 시몬이 대답하여 이르되 선생님 우리들이 밤이 새도록 수고하였으되 잡은 것이 없지마는 말씀에 의지하여 내가 그물을 내리리이다 하고 그렇게 하니 고기를 잡은 것이 심히 많아 그물이 찢어지는지라" 누가복음 5:4-6

베드로가 어떻게 수제자가 된 것일까요? 왜 그를 사도 중에 사도라고 부르는 것일까요? 바로 그의 담대한 믿음 때문입니다. 베드로는 믿음으로 모험을 수없이 감행했던 사람입니다. 다른 제자들은 모험을 하지 않았습니다. 그러나 베드로는 눈에는 아무런 증거가 보이지 않고, 귀에는 아무 소리도 들리지 않으며, 손에는 잡히는 것이 없어도 믿음으로 모험을 선택한 사람이었습니다.

한번은 밤에 예수님의 제자들이 바다를 건너가는데 예수님은 그 배에 타지 않았습니다. 그때 큰 풍랑이 몰려와서 제자들은 노를 젓느라 고생을 하고 있었습니다. 그런데 바다 위에 예수님께서 희뿌연 빛을 발하면서 걸어오셨습니다. 뱃사람들은 풍랑이 치는 바다 위에 유령이 나타나면 배가 침몰한다고 믿고 있었습니다. 누군가 유령이 나타났다고 고함을 치니 곧 배가 침몰할 것이라고 생각하고 모두 절망에 빠졌습니다.

그때 누군가의 목소리가 들려왔습니다. 바로 주님의 음성이었습니다.

"나니 두려워 말라!"

이때 베드로가 믿음으로 고백합니다.

"주님이시면 나도 주님께로 가게 하여 주십시오!"

바람이 불고 파도가 치고 배가 일렁이는 바다 한가운데서 누가 감히 그 배에서 나가 물 위를 걸어 예수님께로 가겠습니까? 이것은 모험도 보통 모험이 아닙니다. 환한 대낮도 아니고 캄캄한 밤이라 한 치 앞도 분간할 수가 없는 상황이었습니다. 게다가 눈앞에서 파도가 치고 바람이 불고 물보라가 일고 배가 기우뚱 거렸습니다. 그런데 베드로는 이런 악조건에서 물 위를 걸어 주님께 가겠다고 했습니다. 예수님께서 "오라!"고 말씀하시자마자, 베드로는 두말하지 않고 배에서 내려 물 위를 걸어 예수님께로 향했습니다.

이것이 바로 믿음의 힘입니다. 베드로는 예수님을 배신한 적도 있지만 주님을 믿을 때만큼은 끝까지 믿는 사람이었습니다. 베드로가 수제자라 칭함 받을 수 있었던 것은 믿어도 그냥 믿는 것이 아니라 모험적인 믿음을 갖고 있었기 때문입니다. 베드로는 "죽으면 죽으리라"는 그 믿음으로 주님을 향해 전폭적인 믿음으로 달려가는 성격을 가진 사람이었습니다.

"베드로가 대답하여 이르되 주여 만일 주님이시거든 나를 명하사 물 위로 오라 하소서 하니 오라 하시니 베드로가 배에서 내려 물 위로 걸어서 예수께로 가되"

마태복음 14:28-29

만약에 우리가 베드로라면 어떻게 했을까요? 아마 배에서 내리려고 하지 않았을 것입니다. 그러나 베드로는 내려갔습니다. 이 사건을 성경을 통해 만날 때는 대단한 믿음 같아 보이지 않지만, 실제 현실에 부딪히면 그렇게 간단한 일이 아닙니다.

예수님께서 부활한 후 승천하시고 제자들은 성령을 받고 그 사실을 전하러 다니던 때, 베드로와 요한이 기도하러 간 성전 앞에서 앉은뱅이가 구걸하고 있었습니다. 그는 태어날 때부터 앉은뱅이였습니다.
그를 보고 베드로와 요한은 이렇게 말했습니다.
"우리를 바라보라!"
앉은뱅이는 베드로와 요한이 무엇을 줄 것으로 기대하고 손을 내밀며 바라보았습니다. 그러나 베드로는 "은과 금은 내게 없거니와 내게 있는 이것을 네게 주노니 나사렛 예수 그리스도의 이름으로 일어나 걸으라"행 3:6 하며 손을 잡고 일으켜 버렸습니다.

베드로의 믿음은 보통이 아닙니다. 성전 앞에는 예배 드리러 온 사람들로 가득했을 것입니다. 그런 자리에서 날 때부터 앉은뱅이인 자에게 "일어나 걸으라"고 손을 내밀어 잡아 당겨서 일으키는 담대함을 보십시오.

우리가 고차원의 신앙을 소유하기 위해서는 믿음의 사람이 되어야 합니다. 그러나 누구나 믿음의 사람이 될 수 있는 것은 아닙니다. 믿음의 사람은 반드시 말씀을 의지합니다. 더 나아가 그 말씀을 믿고 모험의 번지점프를 시도하는 사람입니다.

아직도 자신의 느낌이나 감정에 따라 믿음이 흔들리고 있지는 않습니까? 시시각각 변하는 3차원의 환경을 바라보지 마십시오. 이제부터는 변함없는 하나님의 말씀만을 믿기로 선택하시기 바랍니다. 또한 말씀을 믿기로 했다면, 말씀을 붙잡고 모험을 감행하여 믿음의 힘을 경험하시기 바랍니다.

  그러나 이런 일은 인간의 방법이나 뜻대로 되는 것이 아닙니다. 하나님의 역사는 인간이 '요술램프'를 부리듯 마음대로 할 수 있는 것이 아니기 때문입니다. 이런 잘못된 믿음의 세계를 다 버리고 온전히 깨어져 고차원의 믿음을 소유해야 합니다. 그래야만 창조적인 생활을 영위할 수 있습니다.

- 믿음은 말씀에 의지하여 올인All-in하는 것입
- 니다

우리의 신분이 죄인에서 의인으로 옮겨질 수 있는 이유는 믿음이라는 통행권을 간직하고 있기 때문이다. 믿음은 우리가 하나님과 그의 아들 예수 그리스도의 자녀임을 증명하는 신분증이다. 성경은 믿음의 신분증을 가진 사람을 '의인'이라 일컫고 있으며, 이들에게는 상상도 못할 축복을 약속하고 있다.

우리가 믿음의 사람이 되려면 먼저 우리의 지성을 하나님의 말씀으로 채우는 것에서부터 시작해야 한다. 하나님의 말씀 없이 세워진 인생은 그 어떤 것도 사상누각沙上樓閣에 불과하기 때문이다.

그 다음은 말씀에 의지하여 그물을 내린 베드로와 같이 믿음을 지키겠다는 의지적 결단과 선택을 내리는 것이다. 여기에서 우리는 믿음이 지식의 영역과 행함의 영역을 모두 포괄하고 있음을 기억해야 한다. 특히 말씀이라는 하나의 패에 자신의 인생 모두를 거는 믿음의 '올인'을 할 때 우리는 비로소 하나님의 세계를 경험할 수 있게 된다.

"그런즉 누구든지 그리스도 안에 있으면 새로운 피조물이라 이전 것은 지나갔으니 보라 새것이 되었도다" 고린도후서 5:17

Chapter 3

믿음으로 열리는 놀라운 하나님의 세계

4차원의 영성 둘 믿음

믿음으로 열리는
놀라운
하나님의 세계

1931년 중국 남부 지방에서 있었던 일입니다. 그 지역 주민은 갑자기 찾아온 흉년으로 먹을 것이 없게 되는 고난을 겪고 있었습니다. 그런데 그곳에 선교사가 와서 예수님을 전했고 온 동네 사람들이 모두 예수님을 믿게 되었습니다. 복음을 전해 들은 한 주민이 어느 날 너무나 절박한 나머지 선교사를 찾아가서 말했습니다.

"선교사님! 우리가 굶어 죽게 되었는데 선교사님이 좀 도와주실 수 없나요?"

그의 간곡한 요청에 선교사는 믿음을 가지고 다음과 같이 대답했습니다.

"인간적으로는 별 도리가 없지만 구약에 보면 하나님께서 광야를 지나는 이스라엘 백성에게 만나를 주셨습니다. 하나님의 자녀 된 우리가 오늘날 엎드려서 기도하면 이스라엘을 돌봐 주신 하나님께서 오늘 우리를 안 돌봐 주실 수 있겠습니까? 기적을 행하실 것입니다."

그때부터 마을 사람 모두가 모여서 나흘 동안 기도를 했는데, 기도를 마치는 날 큰 폭풍우가 불어오고 북쪽에서부터 검은 구름이 몰려오더니 장대 같은 비가 쏟아졌습니다. 이보다 더 놀라운 일은 비가 그치고 난 다음 밖으로 나와 보니 밀이 삽으로 떠낼 만큼 동네에 많이 쌓여 있었습니다.

믿음은 우리의 삶을 4차원, 즉 하나님의 세계에 접속하도록 해줍니다. 그러나 많은 그리스도인이 여전히 하나님의 세계를 경험하지 못하는 이유는 믿음을 이용하여 4차원을 끌어당기지 못하기 때문입니다. 성경에 나타난 예수님의 모든 역사는 믿음으로 4차원의 세계를 끌어당겨서 역사하고 있음을 볼 수 있습니다. 성경을 4차원의 렌즈로 읽기 시작하면, 예수님께서 기적을 나타내실 때 "내가 너를 고쳤다"고 하지 않는 것을 먼저 발견하게 됩니다. 대신에 "네 속에 있는 네 믿음4차원이 너를 고쳤다"고 말하고 있음을 발견할 수 있습니다. 다시 말해, 우리의 믿음이 4차원의 기적을 끌어당기는 것입니다.

믿음의 또 다른 이름, 순종

젖과 꿀이 흐르는 가나안 땅의 경계인 가데스 바네아에서 이스라엘 백성이 하나님을 격노하게 만든 것은 다름 아닌 집단적인 불신앙과 불순종이었습니다. 열두 명의 정탐꾼이 40일 동안 가나안 땅을 정탐하고 와서 보고할 때, 열 명은 그 땅을 악평하여 백성에게 공포와 불안을 넣어 주었습니다. 이 정탐꾼들의 마음속에는 하나님이 계시지 않았던 것입니다. 인본주의적으로 보고, 듣고, 관찰한 것만을 말했습니다. 궁극적으로 그들은 하나님에 대한 믿음이 없었기 때문에, 순종함이 없을 수밖에 없었습니다.

그들의 악평으로 말미암아 온 이스라엘 백성은 밤새도록 통곡을 하면서 지도자를 세워서 애굽으로 다시 돌아가자고 했습니다. 하나님에 대한 집단적인 반항이요, 불신앙이요, 불순종이었습니다. 그 결과로 하나님은 진노하사 그들을 광야로 회진시켜 40년 동안 방황하게 하여 모두 멸하셨습니다. 이처럼 하나님께서 가장 미워하시는 죄악은 불순종과 불신앙입니다.

예수님께서 자신의 고향인 나사렛의 회당에서 말씀을 전하실 때 책망하신 것도 바로 이것이었습니다. 주님께서는 회당에서 두 가지 사건을 예로 들어 말씀하셨습니다. 여기에서 우리는 믿음을 가진 사람의 합당한 반응이 어떠한 결과를 낳게 되는지 알 수 있습니다.

순종으로 믿음을 증명한 사람, 사렙다 과부

첫 번째 사건은 엘리야 시대에 있었던 일입니다. 3년 6개월 동안 온 땅에 비가 내리지 않아 큰 흉년이 들었을 때, 많은 사람이 굶어 죽어서 이스라엘에 과부가 많았습니다. 그런데 그 많은 이스라엘의 과부는 하나님을 믿지 않고 순종하지 않았습니다. 하나님께서도 그들에게 도움을 베풀지 않았습니다.

이방 지역인 사렙다에 한 과부가 아들과 함께 살고 있었는데, 그들 역시 흉년으로 고통받고 있었습니다. 사렙다는 시돈 땅으로, 바알을 섬기는 이방 땅이었습니다. 그럼에도 사렙다의 과부는 하나님을 두려워하고, 하나님을 믿고 순종했습니다.

비록 엘리야에게 있어서 과부는 이방인에 불과했지만, 하나님께서는 그에게 엘리야를 보내셨습니다. 엘리야가 갔을 때, 이 사렙다의 과부는 나무를 줍고 있었습니다. 엘리야가 말했습니다.

"빨리 가서 빵을 만들어서 물 한 사발과 함께 내게 가지고 오시오."

"제가 가진 것은 밀가루 한 움큼과 기름 조금이 전부입니다. 이제 이것을 가지고 마지막으로 빵을 만들어 제 아들과 함께 먹고 죽으려고 합니다. 그래서 나무를 줍고 있습니다."

"그것은 당신 마음대로 하되, 당신은 가서 그 밀가루와 기름으로 빵을 만들어서 내게 가지고 오시오. 그리고 물 한 사발도 같이 가지고 오시오. 그러면 이 가뭄이 끝날 때까지 당신의 밀가루 통에 밀가루가 떨어지지 않고, 기름병에 기름이 마르지 않을 것이오."

절대 절망의 상황에서 만난 엘리야의 거짓말 같은 말을 사렙다 과부는 믿었습니다. 물론 자신도 당장 배가 고팠습니다. 밥을 달라고 우는 어린 아들도 있었습니다. 그럼에도 그는 믿음과 순종의 태도로 자신을 먼저 생각하지 않고, 그것으로 떡을 구워서 엘리야에게 갖다 주었습니다.

믿음을 가지고 순종하는 것은 그렇게 쉬운 일이 아닙니다. 그러나 사렙다 과부는 엘리야에게 떡을 만들어 주었고, 그 떡과 물을 엘리야가 먹게 되었습니다. 순종의 결과로 사렙다 과부에게는 하나님의 축복이 임하여서 3년 6개월 동안 지속된 가뭄이 끝날 때까지 밀가루 통의 밀가루가 떨어지지 않았고, 기름병의 기름이 마르지 않았습니다. 하나님의 기적이 일어난 것입니다. 이처럼 믿음과 순종이 있는 곳에서는 어디서나 주님의 임재를 경험할 수 있습니다.

순종으로 믿음을 증명한 사람, 나아만 장군

두 번째 사건은 엘리야의 제자였던 엘리사 때에 있었던 일입니다. 당시 이스라엘에는 많은 나병 환자가 있었습니다. 하지만 그들 중에서 자신의 나병을 하나님께서 고쳐줄 것이라고 믿는 사람은 한 사람도 없었습니다. 하지만 이스라엘을 늘 침략하던 이웃나라 수리아의 대장군 나아만은 달랐습니다. 그는 나병을 앓고 있는 환자였습니다. 하루는 그가 전쟁터에서 포로로 잡아온 이스라엘의 조그마한 어린 소녀가 자신의 아내를 도우며, 이렇게 말하는 것을 듣게 되었습니다.

"우리 주인께서 이스라엘에 가서 엘리사를 만나셨으면 좋겠어요. 엘리사가 기도하면 우리 주인님의 나병이 나을 텐데……."

이 조그마한 어린 소녀의 말을 들은 나아만 장군은 엘리사를 찾아 이스라엘에 왔습니다. 그런데 엘리사에게 바로 가지 않고 이스라엘의 왕에게 찾아가자, 이스라엘의 왕이 겁을 잔뜩 먹고 "내가 신神도 아니고, 사람을 죽이고 살릴 수도 없는데, 어떻게 나병을 고치느냐!"라며 옷을 찢고 격분했습니다. 그도 그럴 것이 왕의 눈에는 나아만의 방문이 단순히 병 고침을 받기 위한 순수한 의도가 아닌 것처럼 보였기 때문입니다. 왕은 그가 말도 안 되는 이유를 들어 이스라엘을 치고자 하는 빌미를 만드는 것으로 이해했습니다. 그때 엘리사가 그 소식을 듣고 나아만을 자기에게로 보내라고 했습니다.

이런 이유로 나아만은 장군 복장을 하고 자신의 큰 군대를 거느리고 엘리사의 집 문 앞에 이르렀습니다. 그런데 나아만의 기대와는 달리, 엘리사는 얼굴도 내비치지 않고 하인을 보내어 "저 요단강에 가서 일곱 번 목욕을 하고 돌아가시오"라고 말했습니다. 나아만은 그 순간 화가 머리끝까지 났습니다.

"일국의 대장군인 내가 먼 길을 개의치 않고 하나님의 기적을 믿고 왔는데, 나를 이렇게 박대하다니. 적어도 엘리사가 직접 내게 와서 거룩한 물이라도 뿌리고 손을 들어 기도를 하고 고쳐줄 줄 알았는데, 얼굴도 안 비치고 고작 한다는 소리가 나한테 저 더러운 요단강 물에 가서 목욕이나 하라니! 게다가 우리나라에 있는 아마나강과 바르발강같이 푸르고 맑은 물도 아니고, 요단강 물처럼 더러운 흙탕물에서 목욕을 하라니. 그럴 바에야 내가 우리나라 강에서 목욕을 하지 여기서 할 이유가 무엇이냐?"

그가 이렇게 화를 내며 돌아서서 가려고 하는데, 그때 부하들이 달려들어서 그를 설득하기 시작했습니다.

"장군님, 그렇게 하지 마십시오. 사실 이보다 더 큰일을 하라고 해도 병만 낫는다면 하지 않겠습니까? 겨우 강에 가서 목욕이나 하라는데 못할 이유가 뭐가 있습니까? 가시죠!"

그렇게 부하들의 간청에 마음을 돌이킨 나아만은 엘리사가 말한 대로 요단강에 가서 일곱 번 목욕을 했고, 그 결과 그의 나병은 깨끗이 사라져 어린아이와 같은 부드러운 피부를 가지게 되었습니다.

이렇게 구약의 대표적인 사건을 예수님께서는 나사렛 회당에서 언급하셨습니다. 그런데 이 두 사건에는 구약의 사상과는 어울리지 않는 특이한 공통점이 있습니다. 그것은 이 사건의 주인공들이 모두 이방인이었다는 점입니다. 사렙다의 과부도 시돈 땅의 이방 여인이었고,

나아만 장군도 이스라엘과 원수였던 수리아의 대장군이었습니다.

이 사건을 통해 하나님께서 우리에게 말씀하고자 하시는 메시지가 무엇일까요? 그것은 바로 하나님께서는 선택하신 백성이라 해도 믿지 않고 순종치 않으면 도와주지 않는다는 것입니다. 반대로 원수 나라의 이방인이라도 하나님을 공경하고 믿고 순종하면 돌보아 주십니다.

하나님의 채우심을 기대하려면

시편 81편 10절에서 11절에 "나는 너를 애굽 땅에서 인도하여 낸 여호와(야훼) 네 하나님이니 네 입을 크게 열라 내가 채우리라 하였으나 내 백성이 내 소리를 듣지 아니하며 이스라엘이 나를 원하지 아니하였도다"라는 말씀이 있습니다.

우리는 이 말씀을 통해 우리가 가진 문제가 무엇인지

알 수 있습니다. 한마디로 우리가 하나님의 음성을 듣지 않기 때문에 순종하지 않는다는 말입니다. 하나님은 약속을 식언치 않으시는 분입니다. 하늘과 세계와 만물을 지으신 하나님은 지금도 전능한 능력으로 우리의 요구를 채워 주시기를 원하시고 계십니다. "네 입을 크게 열라 내가 채우리라"고 말씀하신 것입니다. 그러나 오늘날 주님을 믿는다는 사람들이 주님의 말씀을 듣지 않고 믿지 않아 하나님께서는 그 가운데 나타나지 않으시는 것입니다.

아무리 장엄하게 종교적인 의식을 집행한다 하더라도, 순종이 없고 믿음이 없으면 하나님과 우리의 관계는 끊어져 버리고 맙니다. 하나님의 손이 짧아 우리를 구원하지 못함이 아니요, 하나님의 귀가 둔하여 우리 기도를 듣지 못하는 것도 아닙니다. 불순종이 있고 불신앙이 있으므로 하나님께서 역사하실 수 없는 것입니다.

우리가 말로만 "나는 예수님을 믿는다. 나는 세례(침례) 받았다. 나는 교회 출석한다"고 말한다고 해서 우리 삶에 하나님께서 역사하시는 것이 아닙니다. 하나님께서 눈여겨보시는 것은 겉으로 드러나는 형식과 의식이 아니라 우리의 마음속에 있는 순종과 믿음입니다. 순종이 있고 믿음이 있으면 하나님께서는 오늘날도 변함없이 기사와 이적을 나타내십니다.

죽은 믿음의 또 다른 이름, 불순종

순종은 자신의 주도권을 넘겨 주는 행위입니다. 주도권을 넘겨준다는 말은 곧 자신의 판단과 결정을 유보한다는 의미입니다. 이것은 순종의 대상에 대한 신뢰와 믿음이 뒷받침될 때만 나타날 수 있는 진정한 순종을 가리킵니다. 만약 순종의 대상에 대한 우리의 믿음에 불순물이 조금이라도 섞여 있다면 그것은 온전한 순종이 아니며, 하나님 또한 온전히 우리에게 역사하실 수 없습니다.

그런데 이러한 불순종은 믿음이 없는 것을 넘어 '죽

은' 믿음이라 칭할 수 있습니다. 믿음의 또 다른 이름이 순종이라고 한다면, 불순종은 죽은 믿음의 또 다른 이름인 것입니다. 아예 믿지 않는 자는 순종하고 말 것이 없겠지만, 자신의 입으로 믿는다고 시인하면서 불순종하는 자는 죽은 믿음을 붙들고 살아가는 자입니다. 이 땅의 그리스도인이 신앙생활을 하면서 하나님의 능력을 모두가 다 경험하는 것은 아닙니다. 우리의 믿음이 진짜인지 아니면 스스로에게 속고 있는 것은 아닌지 정확히 알아야 합니다. 그리고 죽은 믿음이라면 하루 빨리 순종함으로 그 믿음을 회복시켜야 합니다. 그래야 진정으로 하나님과 함께하는 삶을 살 수 있습니다.

마르다의 거짓 믿음

불신앙과 불순종의 대표적인 예로 마르다와 마리아의 사건을 들 수 있습니다. 사건은 우리가 잘 아는 대로 그들의 오라비 나사로가 죽은 것에서부터 시작합니다. 일찍 부모님을 여의고 오라비만 믿고 살아왔는데, 그 오라비가 병들어서 시름시름 아파하다가 죽은 것입니다. 그런데 예수님은 나사로가 아프다는 것을 알고 계셨고 나사로가 죽기 전에 올 수 있는 가까운 거리에 계시다가 그가 장사 된 지 나흘이 되어서야 그들에게 오셨습니다.

그때에 마르다는 예수님께 나와 원망을 늘어놓았습니다.

"주께서 나흘 전에 이 자리에 계셨더라면 우리 오라버니가 죽지 않았을 것인데, 나흘이나 지나서 이제야 오셨으니 우리에게는 희망이 없습니다."

이처럼 마르다와 마리아는 3차원의 세계에서 절망했습니다. 4차원의 세계에서 예수님은 어제나 오늘이나 영원토록 동일하신 분인데, 마르다는 나흘 전의 예수님은 인정했으나 지금의 예수님은 인정하지 않고 있는 것입니다. 이것은 마르다의 신앙이 큰 오류를 범하고 있다는 것을 보여 줍니다. 믿음은 환경에 관계없이 항상 변함없고 한결같아야 하는 것입니다. 그런데 마르다는 그렇지 못했습니다. 마르다는 이어서 이렇게 말했습니다.

"주님께서 계셨더라면 내 오라버니가 죽지 않았을 것입니다. 아쉽긴 하지만 그래도 저는 지금도 주님이 제가 무엇이든지 하나님께 구하시는 것을 주실 줄을 믿습니다."

그러자 예수님께서 말씀하셨습니다.

"너의 오라비가 다시 살아날 것이다."

"물론 저도 제 오라버니가 마지막 부활의 날에 다시 살아날 것을 믿습니다."

"나는 부활이요 생명이니 나를 믿는 자는 죽어도 살겠고 무릇 살아서 나를 믿는 자는 영원히 죽지 않는다. 마르다야! 이것을 네가 믿느냐?"

"그럼요, 주님. 주님은 그리스도시요, 세상에 오시는 하나님의 아들임을 내가 믿습니다."

마르다와 예수님의 대화가 어쩐지 이상하지 않습니까? 자세히 읽어본 사람이라면 예수님께서 대화를 통해 무엇인가 마르다에게 알리기 위해 필사적인 노력을 하고 계시는 것을 알아차릴 수 있을 것입니다. 예수님께서는 계속해서 4차원의 세계가 역사하도록 믿음의 언어로 말씀하고 계시는데 반해, 마르다는 예수님께서 하시는 믿음의 언어를 들을 준비조차 되어있지 않은 것을 알 수 있습니다. 한마디로 마르다의 믿음은 실상은 거짓 믿음이었던 것입니다.

예수님께서는 "지금 네 오라비가 살 것이다"라고 말씀하시면서 믿으라고 하는데, 마르다는 이것을 비웃듯이 "부활의 날에나 살 것입니다"라고 응수하고 있습니다. 또 예수님께서 "지금 네 앞에 있는 내가 부활이요 생명이다. 지금 나를 믿는 자는 죽어도 살겠고 살아서 나를 믿는 자는 영원히 죽지 않을 것이니 이것을 믿느냐?"고 말씀하시는데, 마르다는 "네, 믿습니다. 주님이 예수 그리스도요 구주인 것을요"라고 말하면서 자꾸만 뒷북을 치고 있습니다. 언뜻 보기에는 마르다의 말이 믿음의 언어인 것처럼 보이지만, 사실 마르다는 예수님의 질문에 동문서답하고 있는 것입니다.

마르다는 예수님을 믿는 것이 아닙니다. 단지 예수님을 아는 것에 지나지 않습니다. 아는 것과 믿는 것은 다릅니다. 믿음이란 단순히 하나님의 아들 예수 그리스도를 아는 것만으로는 부족합니다. 자신의 판단으로 결정하기에 앞서 그분의 뜻과 의를 온전히 행해야 하는 것입니다. 이성적으로는 그것이 이해되지 않고 환경을 바라볼 때는 불가능해 보이더라도 그분이 말씀하시면 온전히 믿고 따를 수 있어야 합니다.

이어지는 장면에서 예수님은 마르다와 마리아를 데리고 무덤에 가서 우셨습니다. 예수님께서 무덤에서 운 것은 나사로의 죽음을 애도하는 울음이 아니었습니다. 예수님은 이미 나사로가 다시 살아날 것을 알고 계셨습니다. 예수님은 마르다와 마리아의 죽은 믿음 때문에 슬퍼서 우셨던 것입니다.

입으로는 믿는다고 시인했던 마르다의 믿음이 죽었다는 것은 어떻게 알 수 있습니까? 만약 그들이 진실로 예수님을 믿고 순종했더라면 어떠한 역경에 처했더라도 두려워하지 않고, 좌절하지 않고, 절망하지 않았을 것입니다. 그러나 현재 주님이 살아 계심에도 불구하고, 바로 그 살아 계신 주님과 함께 있음에도 불구하고, 믿지 않고 순종하지 않았기 때문에 그들은 수고하고 무거운 짐을 지고 고통과 괴로움으로 슬퍼하고 있었습니다. 주님은 이러한 상황을 너무 안타깝게 여기신 나머지 눈물을 흘리신 것입니다.

마르다의 거짓 믿음이 낳은 불순종

마르다가 하는 말이 답답하지 않습니까? 어쩌면 주님의 마음을 그리도 모르는 말만 하는지 말입니다. 이처럼 자신도 모르게 죽어 있는 믿음은 4차원의 세계를 끌어당길 수도, 하나님의 세계를 경험할 수도 없습니다. 마르다처럼 자신의 눈앞에서 4차원의 세계가 스쳐 지나가도 모릅니다.

순종이라는 반응은 의지적인 결단을 요구하는데, 이것은 순종의 대상에 대한 깊은 신뢰가 없이는 불가능한 반응입니다. 다음에 이어지는 마르다의 반응을 보면 이것을 확실히 이해할 수 있습니다.

나사로의 무덤 앞에서 예수님은 마르다에게 다시 한 번 말씀하십니다.

"나사로를 살려줄 테니 무덤의 돌문을 좀 옮겨 주렴."

그러자 마르다는 대답했습니다.

"우리 오라버니가 무덤에 들어간 지 나흘이 되어 썩은 냄새가 나는데 무덤의 돌문을 옮겨 놓은들 무슨 소용이 있겠습니까? 창피만 당할 것이고 같이 온 사람들이 우리를 뭐라고 말하겠습니까? 옮기지 않겠습니다!"

마르다의 불신앙 속에서도 예수님은 계속해서 4차원의 세계를 끌어내기 위한 믿음의 언어를 사용합니다. 그러나 마르다의 반응 역시 한결같습니다. 불순종의 전형적인 모습을 보여 줍니다. 이러한 그들의 반응은 어떻게 보면 '반항'이라고도 할 수 있습니다. 예수님께서도 당신이 그처럼 사랑으로 가르친 제자나 다름없는 마르다와 마리아가 이처럼 불순종하고 믿음이 없을 줄은 예상치 못하셨을 것입니다.

안타까운 심정으로 나사로의 무덤가에 와서 그들의 오라비를 살려 놓을 테니 무덤을 막고 있는 돌문을 옮겨 놓으라고 하는데도 마르다와 마리아는 순종치 않았습니다.

믿음이 없이는 기쁘시게 하지 못하는 법입니다. 오히려 마르다는 예수님을 가르치려 들었습니다. 순종해서 돌문을 옮겨 놓기만 하면 살아난 오라비를 다시 만날 수 있고, 4차원으로 향하는 관문이 바로 눈앞에 펼쳐질 것인데 말입니다. 우리에게 최고의 행복을 선물해 주시기 원하시는 예수님의 마음을 마르다는 무시하고 있었습니다. 그러자 예수님은 통분히 여기셔서 통렬하게 꾸짖었습니다.

"내 말이 네가 믿으면 하나님의 영광을 보리라 하지

아니하였느냐"

다행인 것은 예수님의 노하심에 마르다와 마리아는 가슴이 아팠고, 금세 깨닫고 마음을 고쳐먹었습니다. 그 동안 예수님의 말씀을 그대로 믿지 않았던 것을 회개했습니다. 마르다와 마리아는 믿음을 선택하기로 마음을 바꿔 먹었습니다. 우리가 지금까지 불순종하고 불신앙을 했더라도 하나님 말씀을 듣고 믿음을 선택하면 하나님은 우리를 받아 주십니다.

보통 돌문은 크게 만듭니다. 왜냐하면 굴 안에 들짐승이 들어와 시체를 훼손하지 못하게 하기 위함입니다. 이제 그들은 믿음을 선택하고 달려가 둘의 힘을 합쳐 큰 돌문을 옮기기 위해 애썼습니다. 온전한 순종의 증거로 행함을 보인 것입니다.

행함이 없는 믿음은 죽은 믿음입니다. 믿는다고 한다면 반드시 믿음을 증명할 합당한 행위가 있어야 합니다. 그 돌문은 예수님께서 옮겨 주지 않습니다. 이웃 사람들도 도와주지 않습니다. 자신의 믿음을 증명하는 일은 누가 대신해 줄 수 없습니다. 스스로 움직여 행해야만 하는 것입니다. 마르다와 마리아가 순종하여 돌문을 옮겨 놓고 믿을 때, 비로소 주님께서 기적을 행하셨습니다.

우리가 "주님! 나를 구원해 주시옵소서"라고 기도를 한다면 교회에 나와야 합니다. "주여! 나를 축복해 주시옵소서"라고 구한다면 십일조를 내야 합니다. "주님! 나를 고쳐 주소서"라고 한다면 하나님을 섬기고 기도해야 합니다. 이처럼 우리가 할 수 있는 일은 해야 합니다. 아무것도 행하지 않고 입으로만 하나님께 간구해서는 결코 어떠한 응답도 받을 수 없습니다. 행함이 우리의 믿음을 증명하고 이 증거로써 하나님은 우리에게 응답하여 주십니다.

주님은 우리의 믿음을 보시기 원하십니다. 눈에 보이지 않는 믿음은 믿음이 아닙니다. 성경을 자세히 살펴보면 반복되는 것이 있는데 그것은 주님이 "저들의 믿음을 보시고 네 믿음대로 될지어다"라고 말씀하신 것입니다. 예수님께서는 우리의 믿음을 보실 수 있습니다. 그러므로 보이는 믿음이 진정한 믿음이라고 할 수 있습니다. 반대로 보이지 않는 믿음은 믿음이 아닙니다. 물속에 가라앉은 땅은 땅이 아닙니다. 물 위에 솟아오른 땅이 땅입니다. 보이지 않는 믿음은 믿음이 아닙니다. 보이도록 나타난 믿음이 믿음인 것입니다.

그래서 예수님께서는 마르다와 마리아에게 눈에 보이는 믿음을 실천하라고 요구하신 것입니다. 돌문을 옮기라고 말씀하신 것은 그들의 믿음이 순종으로 나타나 보이도록 이끄신 것입니다. 비로소 자매가 힘을 다하여 돌문을 굴렸고 무덤이 열렸습니다. 그렇게 문이 열리자마자 썩은 냄새가 코를 찔렀습니다.

그때 예수님께서는 그 무덤 앞에 서서 말씀했습니다.

"나사로야 나오라!"

모든 사람이 긴장하고 지켜보았습니다. 마르다와 마리아도 가슴 졸이며 보고 있었습니다. 그들은 전부 캄캄한 무덤 속에 무슨 일이 일어날까, 무덤 문을 뚫어져라 보고 있었습니다.

얼마 되지 않아 하얀 물체가 움직이는 것이 보였고, 곧 나사로가 수의를 입은 채로 걸어 나왔습니다. 마르다와 마리아가 믿고, 순종하며, 행하자 예수님께서 기적을 나타내 주신 것입니다.

예수 그리스도는 나사로가 죽기 전이나 후에나, 어제나 오늘이나 영원토록 동일하신 분입니다. 하나님의 기적이 일어났습니다. 오늘날도 믿고 순종하기만 하면 기적이 일어납니다.

믿음으로 거둔 현대판 오병이어

오래전 『Hey God』이라는 제목의 아주 재밌고 놀라운 체험담을 읽은 경험이 있습니다. 이탈리아에서 미국으로 이민을 간 포글리오라는 가족이 경험한 하나님의 기적 이야기를 그 집 아들이 책으로 옮긴 것이었습니다.

이 집의 가장은 철도 회사의 노무자로 일을 했기 때문에 살림을 넉넉하게 꾸릴 수가 없었습니다. 게다가 가족이 모두 일곱 명이나 되었기 때문에 더욱 어려운 살림을 살았습니다.

이탈리아 사람들은 스파게티를 주식으로 먹는데, 어느 날 식량이 떨어져 스파게티가 1인분밖에 남지 않아 그 집의 식구들조차 나눠 먹을 수 없었습니다. 그런데 하필이면 그때 남편이 상황도 모르고 친구를 네 명이나 데리고 와서 이렇게 말했습니다.

"여보! 하루 종일 중노동을 했더니 너무 출출해요. 친한 친구들 네 명도 같이 왔으니 스파게티를 많이 만들어 주세요."

큰일이 아닐 수 없었습니다. 집에는 한 사람이 먹을 스파게티도 부족한 상황이었습니다. 게다가 그 남편은 성격이 고약한 사람이었습니다. 만일 스파게티가 나오지 않으면 야단법석을 치며, 집안을 뒤집어 놓을 것이 뻔했습니다. 그나마 다행인 것은 남편은 예수를 믿지 않지만 부인은 아주 독실한 그리스도인이요 성령충만한 분이었습니다.

이 말을 들은 순간 부인이 갑자기 방으로 뛰어 들어가 성경책을 들고 나왔습니다. 그러더니 성경을 머리에 얹고 성경 위에 얼마 되지 않는 스파게티를 얹어 놓고서 기도를 하기 시작했습니다.

"주님이시여, 한 사람 먹기도 부족한 스파게티밖에 없습니다. 그런데 남편이 네 사람의 친구를 데리고 왔습니다. 우리 식구하고 남편 친구 네 사람 모두가 어떻게 이 스파게티를 먹겠습니까? 그러나 예수 그리스도는 어제나 오늘이나 영원토록 동일한 것을 믿습니다. 지금까지 저는 주님께 순종했고, 십일조도 드리고, 교회도 열심히 나갔습니다. 위기에 처할 때 주님은 저와 같이 계시지 않으셨습니까? 주님, 이 시간 성경과 스파게티를 가지고서 당신께 기도합니다. 기적을 일으켜 주시옵소서."

부인은 그렇게 기도를 마치고 아들이 보는 앞에서 솥

에 물을 부글부글 끓인 다음 얼마 되지도 않는 스파게티를 집어 들었습니다. 그런데 양이 어찌나 적은지 아들이 눈을 크게 뜨고 보아도 잘 보이지도 않더랍니다. 그런데 그녀는 정신이 나간 사람처럼 찬송을 부르면서 접시 열한 개를 내놓았습니다. 그러니까 가족 일곱 명에 남편 친구 네 명이 모두 다 먹어도 남을 만한 큼직한 접시를 내놓고 찬송을 부르면서 막 솥을 휘젓더니만 '푹' 하고 떠서 스파게티를 그릇에 담고, 또 '푹' 하고 스파게티를 뜨는 것이었습니다.

옆에서 이 광경을 지켜보던 아들이 깜짝 놀라 눈이 휘둥그레졌습니다. 그도 그럴 것이 지금까지 옆에서 자신의 어머니가 요리하는 것을 줄곧 지켜봤는데 눈앞에서 벌어지고 있는 상황이 말도 안 되는 일이었기 때문입니다. 어머니가 솥에서 떠서 담는 것마다 한 그릇 가득한데, 또 스파게티가 있고 또 떠서 담는데 또 한가득 있고, 그렇게 열 한 개의 접시에 스파게티를 가득 담아 모두 다 배부르게 먹었다는 것입니다. 그뿐만 아니라 그날 저녁에 스파게티가 남아서 그 이튿날 아침까지도 식구가 먹었다고 합니다.

이 상황을 지켜본 아들이 후에 『Hey God』이라는 책을 썼는데, 아들은 그날의 일을 어머니의 단순하면서도 의심 없는 믿음이 일으킨 기적으로 본 후, 인생의 방향을 바꾸고 위대한 믿음을 얻게 되었다고 이야기했습니다. 이 이야기는 2천 년 전의 이야기가 아닙니다. 오늘날 일어난 현대판 '오병이어' 이야기인 것입니다.

예수 그리스도는 어제나 오늘이나 영원토록 동일하신 분입니다. 구약시대에는 그러한 기적이 가능하지만, 현대에는 기적이 불가능하다고 말하는 것은 가짜로 믿는 것입니다. 구약시대부터 신약시대를 거쳐 오늘날까지도 하나님은 우리가 진실로 믿고 구하며 순종하면 기적을 보여 주십니다. 우리가 가짜로 믿고, 가짜로 순종하지 않고 진짜로 믿고, 진짜로 순종할 때, 오늘날도 하나님의 영광이 우리 가운데 나타나게 된다는 것을 기억해야 합니다.

믿음으로 열리는 놀라운 하나님의 은혜

송강 정철의 훈민가 중에서 이런 시가 있습니다.

이고 진 뎌 늘그니 짐 프러 나를 주오

(머리에 이고 등에 짐을 진 저 늙은이, 짐을 풀어서 나에게 주오.)

나는 졈엇거니 돌히라 무거울가

(나는 젊었거늘 돌이라도 무겁겠소?)

늘거도 셜웨라커든 짐을 조차 지실가

(늙는 것도 서럽다고 하는데 무거운 짐조차 지셔야 하겠습니까?)

이 시는 한 젊은이가 노인이 무거운 짐을 이고 땀을

흘리며 힘겹게 걸어가는 것을 보고 측은히 여겨 자신이 그 짐을 대신 짊어지고, 노인을 쉽고 평안하게 가시도록 하겠다는 내용의 시입니다.

예수님께서 하신 말씀도 이와 똑같은 말씀입니다. 예수님께서는 사람들이 무거운 짐을 지고 고생하는 것을 보시고 믿음으로 열리는 은혜의 삶으로 초청하고자 하십니다.

"수고하고 무거운 짐 진 자들아 다 내게로 오라 내가 너희를 쉬게 하리라 나는 마음이 온유하고 겸손하니 나의 멍에를 메고 내게 배우라 그리하면 너희 마음이 쉼을 얻으리니 이는 내 멍에는 쉽고 내 짐은 가벼움이라 하시니라" 마태복음 11:28-30

어느 유명한 수도사가 있었는데 그는 평생 참으로 대단한 고행을 한 사람이었습니다. 결혼 직후 처자식을 남겨 두고 수행에 들어가서 부모가 찾아와도 수행에 방해가 된다며 만나지 않았습니다. 자기가 거하는 곳에 철조망을 쳐놓고 10년 동안이나 사람을 만나지 않고 혼자 외롭게 거하며 8년 동안 눕지 않고 앉은 자세로 잠을 자며 수양을 쌓았습니다. 그는 16년간 솔잎 가루와 쌀가루만 먹고 살았습니다. 그러나 그가 세상을 떠나기 전에 마지막 남긴 시 한 수가 있는데 그 시의 한 부분이 이렇습니다.

미천 죄업 과수미라

즉 '하늘에 가득 찬 죄업이 수미산보다 높구나' 라는 뜻입니다. 평생을 그렇게 뼈가 으스러지고 피가 마르고 살이 찢어지도록 고행을 하고 수도를 했건만 그가 마지막 죽는 순간에 느낀 것은 "내 죄가 수미산 보다 높다!"는 탄식이었습니다. 사람의 힘으로 아무리 고행을 하고 몸부림을 쳐도 누구도 인생의 짐을 스스로 해결할 수는 없습니다. 그러나 예수님은 우리의 죄를 해결해 줄 수 있는 분입니다.

"죄 짐이 무거우냐? 세상의 짐이 무거우냐? 사탄의 멍에가 무거우냐? 병의 짐이 무거우냐? 먹고 사는 삶이 그렇게 수고스럽고 무거우냐? 인생살이가 고생스러우냐? 죽는 고통이 괴로우냐? 그 짐 네가 지지마라. 내가 짊어져 주마. 내가 멍에를 짊어져 주마. 네 십자가의 멍에, 내가 다 짊어졌으니 그냥 믿고 순종하고 내 밑에 들어오너라. 그러면 너는 평안하게 인생을 살아갈 수 있다."

이 얼마나 놀라운 은혜로의 초청입니까.

장 칼뱅Jean Calvin은 말하기를 "믿음이란 눈을 감고 귀를 기울이고 무조건 따르는 것이다. 하나님은 우리에게 완전 복종을 요구하신다"라고 말했습니다. 자꾸 눈으로 보고 환경을 바라보고 요동하지 말고 눈 딱 감아 버리고 귀에 들리는 대로만 따라가야 합니다. 바로 앞이 벼랑 끝이라도 주님이 가라면 그냥 걸어갈 수 있어야 합니다.

제가 서대문에서 목회할 때 미 공군에 써전드 니커슨이라는 뚱뚱하고 마음씨 좋은 군인이 있었습니다. 그는 열심히 교회에 나와서 주님을 섬겼는데, 한번은 그가 영창에 들어가게 되었습니다. 왜 그렇게 되었는지 알아보니, 그가 부조종사로 비행기를 타고 하늘을 날면서 조종사에게 말하기를 "나는 지금이라도 예수님께서 밖에 나타나서 걸어 나오라고 하면 비행기 문을 열고 걸어 나갈 것이다"라고 했답니다. 그런데 조종사가 이 말을 잘 못 알아듣고 "이놈이 미쳐가지고서 공중에서 비행기 문을 열고 내려가려고 한다"며 긴급하게 본부에 연락해서 비행기를 급강하시켜 착륙하자마자 감옥에 넣어 버렸습니다. 이후에 니커슨은 재판을 받게 되었는데, 그는 말하길 "저는 예수님을 믿는 사람입니다. 그래서 성경에 베드로가 물 위를 걸었던 것처럼, 예수님께서 하늘에 나타나셔서 저에게 걸어오라고 하면, 저는 비행기 창문을 열고 걸어 나가겠다고 말을 한 것이지 예수님께서 오라고 말씀하시지도 않았는데 제가 혼자 걸어 나가겠다고는 하지 않았습니다"라고 말해서 감옥에서 풀려나온 사건이 있습니다.

우리에게도 이만한 믿음이 있어야 합니다. 아예 눈 딱 감아 버리고 귀에 들리는 대로, 주님께서 가라면 가고, 서라면 서고, 돌라면 도는 것이 믿음입니다.

디트리히 본회퍼Dietrich Bonhoeffer는 "신앙은 주님의 명령과 순종, 바로 그것이다"라고 말하며 우리 신앙에 있어서 순종의 중요성을 강조하고 있습니다. 또 고든 맥도날드Gordon Macdonald는 "순종이야말로 모든 문을 여는 열쇠다"라고 말했습니다. 이처럼 믿음과 순종, 나아가 그에 따른 행함은 우리 신앙에 있어서 아무리 강조해도 지나치지 않은 중요한 요소입니다.

인생의 에베레스트 산을 정복하려면

에베레스트 산을 정복한 짐 휘테이크의 일화에 보면

이런 이야기가 있습니다. 에베레스트 산을 정복하기 위하여 고도의 훈련을 해오던 미국의 등반 대원들이 네팔에 모였답니다. 네팔 안내원은 그들을 보고 "여러분이 저 정상까지 올라가고 싶다면 저를 전적으로 믿고 따라오셔야만 합니다"라고 말했습니다. 그러자 모든 대원은 "저런 무식한 놈 같으니라고, 우리는 수년간 이 에베레스트 산을 정복하기 위해 혹독한 훈련을 겪은 전문가들인데, 고작 등산 안내원인 주제에 감히 우리에게 자기를 믿고 따라오라고? 웃기는 놈이군!" 하고는 교만해서 그 등산 안내원의 말을 전적으로 따르지 않았다고 합니다. 그러나 짐 휘테이크는 혼자서 "저는 정상에 꼭 올라가고 싶습니다. 당신이 하라는 대로 온 힘을 다하겠습니다"라고 대답했습니다.

결국 안내원을 믿고 겸손히 인도하는 대로 따랐던 짐 휘테이크만이 에베레스트 산의 정상까지 올라갈 수 있었고, 나머지 대원들은 모두 중도에 실패하고 말았습니다. 이러한 순종 덕분에 휘테이크는 미국 역사상 최초로

에베레스트 산을 정복한 인물이 될 수 있었습니다. 그의 겸손이 그를 영광의 자리에 앉혀 놓은 것입니다. 그는 겸손했기에 인도자인 안내원을 믿고 따라갈 수 있었습니다. 반면 교만한 사람들은 자신의 능력을 믿고 의지했기에 그 안내원을 따르지 않고 다른 길로 갔다가 실패하고 말았습니다.

주님을 믿는다는 것은 겸손한 마음을 가진다는 것입니다. 교만한 사람은 주님을 온전히 믿을 수 없습니다. 그런 사람은 믿는다고 하면서도 자꾸 주님을 비평하고 판단하고 의심하고 제대로 믿지 않습니다. 하지만 겸손한 사람은 자신의 생각과 판단을 따르지 않고 온전히 주님만 끝까지 믿고 따라갑니다.

에베레스트 산을 정복하기 위해서 안내원의 말을 겸손히 믿고 따라가야 했던 것처럼 인생의 에베레스트 산을 정복하려면 겸손히 주님을 믿고 따르는 것이 얼마나 중요한가를 알 수 있습니다. 주님은 말씀합니다.

인생을 쉽고 편안하게 살 수 있다. 너희 인간의 힘으로 인생을 살면 수고하고 무거운 짐을 너희가 짊어져야 한다. 너희 짐 너희가 짊어지고 너희 일 너희가 하자니 피땀을 흘리지 않느냐? 그러나 내게 순종하고 나를 믿고 내게 다 맡기면 짐은 내가 짊어진다. 일은 내가 한다. 너는 내 무릎에 앉아서 살아라. 내 등에 업혀서 살아라. 너는 나를 따라오기만 하면 된다. 멍에는 내 목에 걸렸고 네 목에 걸려있지 않다. 짐은 내가 끌고 있다. 일은 내가 하고 있다. 너는 공짜 인생을 사는 것이다. 은혜로 살아라.

이 세상에는 자기의 노력으로 사는 사람이 있고 주님의 은혜로 사는 사람이 있습니다. 자기 노력으로 사는 사람은 주님을 믿고 순종하지 않는 사람, 자기 힘으로 인생을 사는 사람입니다. 은혜로 사는 사람은 주님을 믿고 순종하여 모든 것을 주님께 다 맡기고 주님을 따라가는 사람입니다. 누구의 능력에 의지하느냐에 따라 똑같이 이 지구상에 살지만 누구는 피땀을 흘리고 고생하면서 살고, 누구는 쉽고 편하고 복된 인생을 선물로 받아 누립니다.

믿음의 또 다른 이름은 '순종'입니다

우리가 만일 사렙다 과부와 나아만 장군이었다면 엘리야와 엘리사의 행동에 기분이 상했을지도 모른다. 이 세상에서 아들과 함께하는 최후의 만찬이 될지도 모를 음식을 염치없이 달라고 했던 엘리야나, 병 고침을 받기 위해 찾아온 한 나라의 장군을 예를 갖추어 접대하기는 커녕 거들떠보지도 않은 엘리사의 모습은 말도 안 되는 요구이며, 예의 없는 행동이었기 때문이다.

신약성경으로 자리를 옮겨 보면, 죽어 가는 딸을 살려 달라고 애청하는 수로보니게 여인을 개 취급하면서까지 인격적인 모욕을 주시는 예수님의 모습은 그동안 우리가 아는 것처럼 상한 갈대도 꺾지 않으시는 예수님과는 사뭇 다르게 비쳐진다. 하지만 하나님께서는 이러한 시험을 통해 믿음으로 순종하는 우리의 모습을 기대하신다.

놀라운 사실은 이 사건의 주인공들이 모두 이방인이라는 것이다. 성경은 이방인임에도 불구하고 하나님의 능력을 믿고 순종했던 이들을 믿음의 모델로 제시하고 있다.

이들이 믿음의 모델이 될 수 있었던 것은 바로 3차원의 감정이나 느낌에 따라 움직이지 않고 순종했기 때문이다. 그런 의미에서 믿음의 또 다른 이름은 '순종'이다. 믿음이 있다고 하면서 순종할 수 없다면 그것은 죽은 믿음이다. 살아 있는 믿음은 오직 순종을 통해서 증명될 수 있다.

"내 형제들아 너희가 여러 가지 시험을 당하거든 온전히 기쁘게 여기라 이는 너희 믿음의 시련이 인내를 만들어 내는 줄 너희가 앎이라 인내를 온전히 이루라 이는 너희로 온전하고 구비하여 조금도 부족함이 없게 하려 함이라" 야고보서 1:2-4

Chapter 4

믿음으로 시험을 통과하라

4차원의 영성 둘 믿음

믿음으로
시험을
통과하라

학창시절 가장 힘들고 괴로웠던 일은 시험을 치르는 일이었습니다. 아마 지금도 많은 학생이 시험을 칠 때마다 학교를 빨리 졸업해 시험 치지 않고 살았으면 좋겠다는 생각을 할 것입니다. 그러나 막상 학교를 졸업하고 사회에 나와 보면, 시험 없이 편히 사는 것 또한 아니라는 것을 알 수 있습니다. 생존경쟁이 치열한 이 사회에서 사람들은 극심한 스트레스를 받으며 '시험지 없는 시험'을 치르고 있습니다. 이처럼 시험은 우리에게 어려움으로 여겨지며 극심한 스트레스를 안겨줄 수 있습니다. 그러나 우리는 시험을 치른 후에야 비로소 실력이 향상되고 지식을 얻어 당당한 사회의 한 구성원이 될 수 있음을 알아야 합니다.

예수님을 믿고 하나님을 의지하는 신앙인도 '믿음의 시련'이란 시험을 치르고 나면 더욱 큰 하나님의 은총을 얻습니다. 하나님께서는 우리에게 복 주시기를 원하십니다. 그러나 하나님은 우리의 믿음을 통해서만 그 복을 전달해 주십니다.

성경은 "믿음이 없이는 하나님을 기쁘시게 하지 못하나니 하나님께 나아가는 자는 반드시 그가 계신 것과 또한 그가 자기를 찾는 자들에게 상 주시는 이심을 믿어야 할지니라" 히 11:6 고 말씀하고 있습니다. 그런데 성도의 믿음은 시련, 즉 시험을 거치게 되어 있습니다. 도자기가 뜨거운 불을 거쳐야 완성품이 되는 것처럼 신앙인의 믿음도 시련을 겪으면서 견고해집니다. 그렇다면 우리가 어떤 믿음을 가지고 있어야 시련을 잘 견디고 하나님께 영광을 돌리는 성도가 될 수 있을까요?

믿음 테스트

우리가 시련을 잘 견디기 위해서는 먼저 믿음에 대한 인식부터 분명히 해야 합니다. 히브리서 11장 1절에는 "믿음은 바라는 것들의 실상이요 보이지 않는 것들의 증거니"라고 기록되어 있습니다. '실상'이라는 말은 헬라 원어로 '휘포스타시스'인데, 이는 '휘포'밑와 '히스테미'받친다의 합성어로 다시 말하면 '받침대'란 뜻입니다.

우리는 여러 가지 받침대를 만듭니다. 화분의 받침대를 비롯해 장식품이나 살림살이에 필요한 받침대도 있습니다. 만일 받침대가 허술하면 그 위에 있는 물건은 금방 바닥에 떨어져 못 쓰게 되고 말 것입니다. 그러므로 받침대를 만든 사람은 그 받침대가 견고한지 그렇지 않은지를 알아보기 위해 흔들어 보기도 하고 눌러보기도 하는 등 여러 가지 시험을 해봅니다. 그러고 난 후 거기에 적합한 짐을 얹어 놓습니다. 이와 마찬가지로 하나님께서는 성도의 믿음의 받침대가 과연 견고한지 그렇지 않은지를 시험하십니다.

하나님께서 우리를 이렇게 시험하시는 데에는 '과연 이 자녀가 내가 주는 은혜를 감당할 수 있나?'라는 하나님의 뜻이 담겨 있습니다. 여기서 감당한다는 것은 '하나님께서 주시는 복을 하나님의 뜻에 합당하게 쓸 수 있는가'라는 의미입니다. 우리는 성경 속 인물이나 주위의 그리스도인들 중에서 하나님께서 주시는 복을 제대로 감당하지 못하는 사람을 종종 봅니다. 그들은 하나님께 간절히 구하던 물질의 축복을 받고도 감사하지 않고 섬기지 않아 결국엔 복을 받기 전보다 더 곤궁하게 되기도 합니다.

이처럼 우리의 믿음은 고정되어 있는 것이 아니라, 수

시로 변화할 수 있습니다. 우리가 믿기로 결심을 했더라도 그 마음이 언제 변하여 하나님께 죄악을 행할지 모릅니다. 그래서 하나님은 우리를 사용하시기 전에 그 믿음을 시험하시기 원합니다. 때문에 하나님께서는 성도의 믿음 받침대를 시험한 다음, 인정하시면 비로소 그 믿음에 따라 응답해 주십니다.

또한 믿음은 보이지 않는 것들의 증거라고 했습니다. 증거에는 참된 증거가 있으며 거짓된 증거도 있습니다. 이 때문에 믿음이 하나님의 뜻에 맞는 믿음인지 그렇지 않은지를 알아보려면 그 증거의 진위를 가려야 합니다. 이것이 바로 하나님께서 우리에게 주시는 '시험'입니다. 성도는 이 시험을 거치면서 믿음의 진위가 드러납니다.

믿음을 가진 성도가 아무런 시련을 겪지 않는다면 그것은 시험을 치르지 않는 학생과 같습니다. 하나님께서는 이런 믿음을 기쁘게 여기지 않으십니다. 하나님께서는 끊임없이 성도의 믿음을 시험하시고 이를 통해 연단하시고 성숙한 신앙인으로 이끌어 주시는 것입니다. 따라서 우리는 여러 가지 시험을 만나거든 기쁘게 여겨야 합니다. 왜냐하면 하나님께서 주시는 은총의 섭리가 그 시험에 내재되어 있기 때문입니다.

보통 시험을 당할 때 "왜 이런 고난을 겪어야 합니까? 하나님과 세상이 원망스럽습니다' 하고 불평하고 분노하는 사람은 미숙한 신앙을 가진 사람이라고 할 수 있습니다. 이런 사람은 하나님의 은총을 누릴 수 없습니다. 성도가 시련을 당해도 열심히 기도하는 가운데 하나님께서 다 해결해 주실 것이라는 굳건한 믿음을 지키고 있으면 일정한 기간이 지난 다음, 하나님께 인정받아 반드시 하나님의 은총을 받습니다. 하나님께서는 어떤 시련이 다가와도 믿음을 굳게 지키는 성도에게 하늘 문을 여시고 '하늘의 신령한 복과 땅의 기름진 것'을 내려 주십니다. 어떤 시련 중에서도 믿음을 굳게 지킨 사람, 이 사람이 '하늘나라의 시험'에 합격한 사람입니다.

하늘나라의 시험에 합격한 사람, 여호수아

모세의 후계자로 부름 받은 여호수아가 바로 '하늘나라의 시험'에 합격한 하나님의 사람이었습니다. 여호수아는 모세의 뒤를 이어 이스라엘 백성을 이끌고 가나안으로 진입해 들어갔습니다. 먼저 그들은 요단강을 건너야 했는데 이때 하나님께서는 제사장들이 먼저 법궤를 메고 요단강에 들어설 것을 말씀하셨습니다.

이때는 보리를 거두는 시기라 강물이 언덕까지 넘쳤습니다. 이스라엘 백성은 여호수아의 말대로 요단강 변에 섰습니다. 먼저 법궤를 멘 제사장들이 앞장섰습니다. 넘치는 물을 본 제사장들과 백성이 주춤거렸을지도 모릅니다. 그들은 목숨을 건 선택의 기로에 서 있었습니다. 어쩌면 넘실거리는 요단강 물에 수장될 수도 있습니다. 그러나 여호수아와 백성은 믿음의 결단을 내렸습니다. 법궤를 멘 제사장들이 요단강으로 들어갔습니다. 그들의 발이 요단강 물에 잠기는 순간 그렇게 넘실거리던 강물이 갈라져 바닥을 드러내고 말았습니다.

성경은 "영혼 없는 몸이 죽은 것 같이 행함이 없는 믿음은 죽은 것이니라"약 2:26고 말씀하셨습니다. 성도가 믿음을 가졌으면 실천해야 합니다. 믿음을 실천하지 않는 성도는 시험지를 받아들고 답을 기록하지 않는 학생과 같습니다. 성도가 믿음을 가졌으면 그 믿음대로 행해야 하나님의 응답을 받는 것입니다.

기적적으로 요단강을 건넌 이스라엘 백성은 여리고성 앞에 이르게 되었습니다. 여호수아 6장 2절에서 5절 말씀을 보면 "여호와(야훼)께서 여호수아에게 이르시되 보라 내가 여리고와 그 왕과 용사들을 네 손에 넘겨 주었으니 너희 모든 군사는 그 성을 둘러 성 주위를 매일 한 번씩 돌되 엿새 동안을 그리하라 제사장 일곱은 일곱 양각 나팔을 잡고 언약궤 앞에서 나아갈 것이요 일곱째 날에는 그 성을 일곱 번 돌며 그 제사장들은 나팔을 불 것이며 제사장들이 양각 나팔을 길게 불어 그 나팔 소리가 너희에게 들릴 때에는 백성은 다 큰 소리로 외쳐 부를 것이라 그리하면 그 성벽이 무너져 내리리니"라고 기록되어 있습니다. 여호수아와 이스라엘 백성은 그대로 행했습니다. 그들은 하나님의 말씀을 믿고 열심히 여리고 성 주위를 돌았습니다. 하루에 한 바퀴씩 도는데 엿새가 되도록 성벽은 돌멩이 하나 까딱하지 않았습니다.

칠일 째 되던 날은 일곱 바퀴나 돌았습니다. 그래도 아무런 징조가 없었습니다. 그러나 제사장들이 나팔을 불고 백성이 큰 소리로 외치자 여리고의 철벽성은 와르르 무너졌습니다. 이것이 바로 하나님의 시험과 그 믿음을 통해 응답을 보여 주는 좋은 예입니다.

전지전능하신 하나님께서 기적으로 여리고 성을 무너뜨리실 때 이스라엘 백성으로 하여금 하루 한 바퀴만 돌게 하시지 않고 왜 칠일 동안 열세 바퀴를 돌게 하셨을까요? 그것은 하나님께서 그들을 시험하신 것입니다. 여호수아와 백성이 믿음을 갖지 않았다면 며칠 동안 돌다가 아무런 징조가 없으므로 중도에 포기하고 말았을 것입니다. 그러나 그들은 눈에는 아무런 증거가 보이지 않고 귀에는 아무 소리도 들리지 않고 손에는 잡히는 것이 하나 없어도 믿음의 행진을 계속했고 그 결과 하나님의 응답을 받았습니다. 그들은 믿음의 시험에서 합격했고 하나님의 응답을 받았습니다. 시험이 다가와 믿음에 대한 증거가 당장 보이지 않더라도 끝까지 믿음을 견지하는 성도가 반드시 하나님께 응답을 받고 문제의 여리고가 무너지는 것을 체험하게 됩니다.

하늘나라의 시험에 불합격한 사람, 베드로

예수님의 수제자였던 베드로도 하나님의 시험에 통과하지 못하는 실패를 경험한 적이 있습니다.

제자들이 예수님과 떨어져 배를 타고 가다가 풍랑을 만났을 때, 멀리 유령처럼 물 위를 걷는 예수님께서 나타나셨고, 베드로는 믿음으로 예수님과 같이 물 위를 걷는 기적을 체험했습니다. 그러나 베드로의 믿음은 얼마

가지 않았습니다. 베드로는 곧 물에 빠지고 말았으며 예수님께서 붙잡아 주심으로 살아날 수 있었습니다.

물 위를 걷던 베드로가 믿음에 실패한 이유가 있습니다. 그는 바람과 파도를 보고 그만 자신이 물속에 빠질 것이라는 의심을 가졌습니다. 그러자 그의 마음속에 있던 믿음은 사라지고 대신 공포가 꽉 들어차게 되었습니다. 그 때문에 그는 바람이 불고 파도가 치는 물속으로 빠지고 말았던 것입니다.

우리는 이 사건을 통해 귀중한 교훈을 얻을 수 있습니다. 그것은 베드로가 환경적인 위험을 당할 때 담대하게 입으로 신앙고백을 하지 않았다는 것입니다. 만일 베드로가 바람이 불고 파도가 치더라도 "주께서 나를 오라고 하셨으니 나는 걸어간다. 바람아 불어라. 파도야 쳐라. 그러나 주의 말씀을 믿고 나는 끝까지 걷는다"고 신앙고백을 했더라면 베드로는 결코 물속에 빠지지 않았을 것입니다.

우리가 믿음의 실천을 하더라도 우리에게 환경적인 위협은 다가옵니다. 그럴 때 우리는 베드로처럼 환경을 바라볼 것이 아니라 담대하게 입술로 신앙고백을 하며 끝까지 믿음의 행진을 해야 합니다.

우리의 담대한 신앙고백이 필요한 이유는 무엇일까요? 먼저 우리의 신앙고백은 하나님께서 옳으시다는 것을 증언합니다. 우리가 믿고 나가는 것은 세상이 아니라 하나님의 말씀입니다. 이 때문에 우리가 신앙고백을 하면 변치 않는 하나님의 진리의 능력이 나타나는 것입니다.

나아가서 우리의 담대한 신앙고백은 사탄의 거짓됨을 폭로하고 격파합니다. 사탄은 우리에게 늘 불안을 가져다줍니다. 그러나 우리가 담대하게 신앙고백을 하면 사탄은 자신의 거짓된 정체가 드러나 한 길로 왔다 일곱 길로 도망갈 수밖에 없는 것입니다.

또한 우리의 신앙고백은 신앙을 강화합니다. 야고보서 3장 1절에서 6절 말씀에는 혀는 작은 것이나 온 몸에

굴레를 씌운다고 말하고 있습니다. 작은 키가 광풍 속에서도 배를 움직이고 재갈이 말을 움직이듯, 작은 혀가 우리의 운명을 움직인다는 얘깁니다.

우리가 담대하게 신앙고백을 하면 우리의 믿음이 더욱 강화되어 시련의 비바람이 불고 파도가 쳐도 결코 넘어지지 않습니다. 우리의 환경에 시련의 비바람이 불고 파도가 칠 때 "나는 주의 말씀만을 믿고 나간다. 나는 영혼이 잘 됨같이 범사에 잘 되며 강건한 그리스도인이다. 나는 결코 시련의 물속에 빠지지 않는다. 하나님께서 나와 함께하신다"고 담대하게 신앙고백을 해야 할 것입니다. 그럴 때 우리는 이 세상에서 승리의 신앙생활을 할 수 있습니다.

하나님을 멀리할 때 다가오는 시험

그리스도인이 살면서 통과해야 할 시험은 하나님께서

주시는 믿음의 시험뿐만이 아닙니다. 우리는 사탄의 계략에 빠져 시험에 들게 될 때가 있습니다. 예수님의 수제자인 베드로가 풍랑에 빠지고, 예수님을 세 번 부인한 것처럼 인생에서의 시련, 풍랑은 연령과 신분, 또 시대를 초월하여 우리에게 다가옵니다.

이러한 풍랑은 예수님의 제자들에게도 찾아왔습니다. 그런데 제자들에게 찾아온 풍랑은 제자들이 예수님을 멀리할 때 찾아왔습니다. 아무리 예수님을 따라다니면서 말씀을 듣고 기적을 보아도 사탄은 우리를 항상 노리고 있기에 인생의 시련과 풍랑은 어찌 보면 피할 수 없습니다. 우리가 시험에 걸려들어 예수님과 멀어지고 실패하는 것, 사탄이 노리는 것이 바로 이것입니다.

영화나 TV를 보면 아프리카 초원에서 짐승이 떼를 지어서 사는 것을 보게 됩니다. 그런데 사자나 하이에나나 표범 등은 사냥감을 잡을 때 언제나 어미와 새끼를 분리시켜 놓습니다. 어미 곁에 있는 새끼를 공격했다가는 어미의 강한 반격에 의해 부상을 입을 것이 뻔하기 때문입니다. 그렇기 때문에 항상 새끼를 어미에게서 떼어 놓은 후 그 새끼를 공격해서 잡아먹는 것입니다.

사탄도 마찬가지입니다. 우리를 예수님으로부터 떼어 놓아야 공격할 수 있지 예수님과 함께 있는 우리를 절대로 공격할 수 없습니다. 하늘과 땅의 모든 권세를 가지고 계신 예수님께서 곁에 계시는데 어떻게 감히 우리를 공격할 수 있겠습니까? 그러므로 사탄은 항상 우리를 유혹해 세상의 죄가 들어오게 함으로써 우리와 예수님 사이에 거리가 생기게 만듭니다. 예수님과 우리 사이에 작은 틈이라도 생기면 사탄은 그때 우리를 공격해서 도적질하고 죽이고 멸망시키는 것입니다.

베드로전서 5장 7절에서 8절 말씀에 "너희 염려를 다 주께 맡기라 이는 그가 너희를 돌보심이라 근신하라 깨어라 너희 대적 마귀가 우는 사자 같이 두루 다니며 삼킬 자를 찾나니"라는 말씀이 있습니다.

여기서 사탄은 사자에 비유되고 있습니다. 초원에서 사자가 짐승을 공격할 때 인정사정없이 발로 때려눕히고 목을 깨물어서 숨통을 물어 뜯고 그다음에는 심장을 파내 먹지 않습니까? 이와 마찬가지로 사탄도 우리에게 인정사정 두지 않습니다. 예수님과 우리 사이에 거리를 내어서 작은 틈이라도 생기면 어떻게 해서라도 비집고 들어오는 것이 사탄입니다. 우리에게 예수님의 능력이 임하지 않아, 우리가 연약해지고 무능력하다고 여겨질 때 덤벼들어서 우리의 영적 숨통을 물어 죽이고 찢고 멸망시키는 것입니다. 그렇기 때문에 우리는 항상 교만하지 말고, 겸손히 깨어서 주님 곁을 떠나지 말아야 합니다.

현재 자신에게 개인의 풍랑, 가정의 풍랑, 사업의 풍랑이 일어 고난을 당하고 있다면, 주님과의 거리가 얼마나 벌어졌는지를 먼저 확인해 봐야 합니다. 주님이 함께 계시다면 우리에게 그러한 풍랑은 생기지 않습니다. 만약 생긴다 하더라도 풍랑 중에 물 위를 걸은 베드로처럼 하나님께서는 우리를 고난 속에서도 안전히 지켜 주십니다.

예수님의 제자들이 예수님과 함께 배를 타고 갈릴리 호수를 지나가는데 어떻게 감히 풍랑이 다가옵니까? 그러나 예수님께서 주무시고 제자들의 마음에 얕은 풍랑에도 심히 요동하는 두려움이 생기자 사탄은 그 틈을 타고 큰 풍랑을 보내서 일시에 예수님의 제자들을 수장시키려고 했습니다.

하지만 우리가 항상 예수님과 함께하면 사탄은 절대 우리를 괴롭히지 못합니다. 우리 마음속에 항상 평안함이 함께 할 수 있습니다. 예수님께서 함께하시는데 사탄이 어떻게 우리를 공격합니까? 사탄은 한 길로 왔다가 일곱 길로 도망칠 것입니다.

시편 91편은 우리가 주님과 함께할 때, 어떠한 삶을 살 수 있다는 것을 우리에게 확실하게 보여 줍니다.

"지존자의 은밀한 곳에 거주하며 전능자의 그늘 아래에 사는 자여, 나는 여호와(야훼)를 향하여 말하기를 그는 나의 피난처요 나의 요새요 내가 의뢰하는 하나님이라 하리니 이는 그가 너를 새 사냥꾼의 올무에서 와 심한 전염병에서 건지실 것임이로다 그가 너를 그의 깃으로 덮으시리니 네가 그의 날개 아래에 피하리로다 그의 진실함은 방패와 손 방패가 되시나니 너는 밤에 찾아오는 공포와 낮에 날아드는 화살과 어두울 때 퍼지는 전염병과 밝을 때 닥쳐오는 재앙을 두려워하지 아니하리로다 천 명이 네 왼쪽에서, 만 명이 네 오른쪽에서 엎드러지나 이 재앙이 네게 가까이 하지 못하리로다 오직 너는 똑똑히 보리니 악인들의 보응을 네가 보리로다 네가 말하기를 여호와(야훼)는 나의 피난처시라 하고 지존자를 너의 거처로 삼았으므로 화가 네게 미치지 못하며 재앙이 네 장막에 가까이 오지 못하리니 그가 너를 위하여 그의 천사들을 명령하사 네 모든 길에서 너를 지키게 하심이라 그들이 그들의 손으로 너를 붙들어 발이 돌에 부딪히지 아니하게 하리로다 네가 사자와 독사를 밟으며 젊은 사자와 뱀을 발로 누르리로다 하나님이 이르시되 그가 나를 사랑한즉

내가 그를 건지리라 그가 내 이름을 안즉 내가 그를
높이리라 그가 내게 간구하리니 내가 그에게 응답하리
라 그들이 환난 당할 때에 내가 그와 함께 하여 그를
건지고 영화롭게 하리라 내가 그를 장수하게 함으로
그를 만족하게 하며 나의 구원을 그에게 보이리라 하
시도다" 시편 91:1-16

시편 91편은 하나님의 굉장한 약속입니다. 매일 같이 읽고 외우면 마음속에 전에 없던 편안함과 든든함이 채워질 것입니다. 여호와(야훼) 샬롬이 우리의 평안이 될 것입니다. 주님이 함께하시면 시편 91편의 말씀대로 화가 우리에게 미치지 못하며 재앙이 우리의 장막에 이르지 못합니다. 주님께서 그 천사들을 명하사 모든 길에서 우리를 지켜 주시고 우리를 붙들어 발이 돌에 부딪히지 않게 하시겠다고 약속하셨기 때문입니다. 사탄이 한 길로 왔다가 일곱 길로 도망치는 것은 하나님께서 우리에게 힘을 주셔서 젊은 사자와 뱀을 발로 누를 것이라고 말했기 때문입니다.

 예수님과 거리를 두지 않으면 주님이 우리와 같이 계심으로 우리는 생명을 얻되 풍성히 얻을 수 있습니다. 그러나 사탄이 와서 그 궤계로써 예수님보다 세상을 사랑하는 마음을 심으면 우리는 그리스도와 거리가 생깁니다.

 그렇다면 우리가 예수님과 거리를 두었는지 안 두었는지 어떻게 알 수 있을까요? 예수님과 거리를 두게 되면 관심사가 예수님 중심에서 세상 중심으로, 하늘나라를 향한 관심에서 세상을 향한 관심으로, 그리스도를 섬기는 것에서 자신을 섬기는 것으로 변화하게 됩니다. 당장 성경이 읽기가 싫고, 기도하기가 싫고, 교회 나오는 것이 귀찮게만 여겨집니다. 또 구역예배는 아예 갈 생각도 없습니다. 대신 세상은 너무나 재미가 있습니다. TV 앞에 앉아 있는 것이 기도하는 것보다 더 좋고, 소설 읽는 것이 성경 읽는 것보다 더 좋고, 세상 친구 만나는 것이 기도회에 가서 교제하는 것보다 더 좋아집니다. 이렇게 방향이 아예 달라집니다.

그런데 그 후에 우리에게 남겨지는 것은 무엇일까요? 세상에서 즐거움을 얻은 우리에게 다가오는 것은 영원한 행복과 즐거움이 아니라 사탄이 주는 시련과 고통뿐입니다. 사탄은 우리가 세상에 관심을 돌릴 때, '옳다, 이때다. 지금이 내 계획을 실천할 때다. 그가 하나님과 거리를 두었다. 어미하고 거리를 두었으니 이때 공격하자. 이때 도적질하고 죽이고 멸망시키자' 하고 순식간에 우리를 집어 삼킵니다.

하늘나라 시험의 모범답안, 삶을 돌이키는 회개

이렇게 사탄이 우리를 잡아먹으려 들 때, 이미 후회해도 늦었습니다. 하지만 우리는 이 풍랑을 헤쳐 나가기 위해 발버둥을 칠 것입니다. 이때, 이 위기의 순간을 어떻게 극복하면 좋을까요?

제자들은 풍랑을 만났습니다. 갑자기 먹장구름이 하늘에 끼고 바람이 불고 소낙비가 쏟아지고 파도가 일어 배에 물이 가득했습니다. 제자들은 모두 바다에 관해서는 전문가입니다. 어부이기 때문에 배를 조종할 줄 알고 파도를 다스릴 줄 알지만, 엄청나게 큰 파도가 다가오자 그들의 경험과 기술로써는 배를 안정시킬 수 없었습니다. 결국 물이 가득하여 배가 가라앉게 되니 그들은 좌절과 절망에 처했습니다. 인간적으로 문제를 해결하려고 갖은 애를 썼지만, 허망했습니다.

> "내 영혼아 네가 어찌하여 낙심하며 어찌하여 내 속에서 불안해 하는가 너는 하나님께 소망을 두라 그가 나타나 도우심으로 말미암아 내가 여전히 찬송하리로다" 시편 42:5

그들이 시련을 겪게 된 것은 하나님에 대한 소망을 잃

어버렸기 때문입니다. 따라서 우리가 막다른 골목에 들어섰을 때 해야 할 일은 내 중심의 잘못된 삶을 회개하는 것입니다. 고난과 환난이 다가왔을 때는 그 문제를 해결하기 위해 회개하고 주님께로 두 손 들고 돌아와야 합니다. 이 길만이 최선의 방법입니다.

자신의 수단과 방법, 노력으로 문제를 해결하려고 하지 마십시오. 또 변명하지 마십시오. 변명이 문제를 해결해 주지 않습니다. 완전히 회개하고 자복하고 깨어져서 "천부여 의지 없어서 손들고 옵니다"라며 울면서 주님께 나오면 주님께서 불쌍히 여겨 주시며 모든 문제를 선하게 바꿔 주십니다.

로마서 2장 5절에 "다만 네 고집과 회개하지 아니한 마음을 따라 진노의 날 곧 하나님의 의로우신 심판이 나타나는 그 날에 임할 진노를 네게 쌓는도다"라고 말했습니다. 우리가 회개하지 않고 고집을 부리면 하나님의 진노와 심판이 다가오게 됩니다.

그러나 요한1서 1장 9절의 말씀처럼 만일 우리가 우

리 죄를 자백하면 그는 미쁘시고 의로우사 우리 죄를 사하시며 우리를 모든 불의에서 깨끗하게 해주십니다. 회개하고 두 손 들고 나오는 사람에게 주님은 절대로 얼굴을 돌리지 않고 모른다고 하지 않습니다.

주님께서는 베드로에게 말씀하셨습니다. "만일 이웃이 네게 죄를 짓고 잘못했다고 회개하고 돌아오거든 하루에 일곱 번씩 일흔 번이라도 용서해 주라" 마 18:21-22고 말입니다. 베드로는 "하루에 일곱 번만 용서해 주면 되겠습니까?"라며 큰 마음먹고 일곱 번이라 했는데 예수님은 일곱 번씩 일흔 번이라도 이웃이 회개하고 돌아오면 용서해 주라고 하셨습니다. 이처럼 사람이 사람의 죄도 일곱 번씩 일흔 번 용서하라고 했는데 하물며 하나님께서 우리가 회개하고 돌아오면 우리를 모른 척 하겠습니까? 주님은 절대로 우리를 모른 체하지 않고 우리를 밀쳐내지 않으십니다. 따라서 회개하는 사람은 멸망하지 않습니다.

지옥에 가는 사람은 회개하지 않기 때문에 지옥에 가

는 것입니다. 회개만 하면 모든 사람이 용서를 받고 구원을 얻을 수가 있습니다. 우리는 회개하고 깨어져 자기를 섬기는 삶을 돌이키고 주님을 섬기는 삶으로 돌아와야 합니다.

이 세상에 가장 행복한 삶은 주님을 섬기는 삶입니다. 우리는 사탄을 따라가든지 주님을 섬기든지 둘 중에 하나의 인생을 삽니다. 이 두 가지 갈림길에서 우리는 벗어날 수 없습니다. 아담과 하와는 하나님을 섬기고 살라고 지음을 받았는데 하나님을 배반한 후에는 사탄을 따라서 살 수밖에 없게 되었습니다. 사람은 하나님을 섬기고 살든지 사탄의 종이 되든지 둘 중에 하나인 것입니다. 좋은 주인을 따라서 살면 우리의 삶은 행복해지고 나쁜 주인을 따라 살면 우리는 도적질 당하고 죽임을 당하고 멸망을 당할 것입니다. 우리 하나님은 좋으신 하나님이요, 사탄은 악한 것입니다. 좋으신 하나님께서 우리를 나쁘게 하실 수가 없고 나쁜 사탄이 우리에게 좋은 것을 줄 수가 없다는 것을 알아야 합니다. 그러므로 우리가 사탄을 따라가서 만신창이가 되었으면 회개하고 하나님 중심으로 돌아오고 하나님을 섬기는 삶으로 돌아와야 합니다. 그러면 하나님께서 우리를 용서하고 품어 주십니다.

이사야 55장 6절에서 7절을 보면 "너희는 여호와(야훼)를 만날 만한 때에 찾으라 가까이 계실 때에 그를 부르라 악인은 그의 길을, 불의한 자는 그의 생각을 버리고 여호와(야훼)께로 돌아오라 그리하면 그가 긍휼히 여기시리라 우리 하나님께로 돌아오라 그가 너그럽게 용서하시리라"는 말씀이 있습니다.

하나님은 우리가 회개하고 돌아올 때, 질책하거나 책망치 않으시고 오히려 불쌍히 여기십니다. 탕자가 아버지를 떠나서 세상에 살다가 낭패를 당하고 모든 것을 잃어버리고 빈손으로 아버지께 회개하고 돌아왔을 때 형은 받아 주지 않았습니다. 아버지의 재산을 챙기고 먹고 놀며 모두 탕진한 동생이 돌아오는 것을 형은 받아

주지 않겠다고 했는데 아버지는 받아 주었습니다. 오히려 둘째 아들을 잃었다가 얻었다고 즐거워했습니다.

오늘날 하나님도 우리를 기쁘게 받아 주십니다. 세상 사람들은 우리를 비난하고 정죄하고 심판하더라도 하나님은 회개하고 돌아오는 사람은 한 명도 버리지 않고 품에 품어서 새롭게 만들어 주십니다. 하나님은 절대로 우리를 버리지 않고 우리를 떠나지 않는다는 것을 잊지 마십시오.

하늘나라 시험의 모범답안, 주님을 깨우는 기도

풍랑이 오자 제자들은 물에 흠뻑 젖었습니다. 머리는 산발이 되고 옷은 물에 젖어서 몸에 찰싹 붙었습니다. 물보라가 얼굴에 부딪혀 왔습니다. 다들 어찌할 바를 몰랐습니다. 최후의 수단으로 주무시는 예수님을 흔들어 깨우고자 했습니다. 인간적인 방법과 노력은 그들을 도와줄 수 없었습니다. 오히려 세상은 그들에게 절망을 가져다주었습니다. 결국 그들은 세상의 생각은 다 물리치고 인본주의의 생각도 다 물리치고 주님을 찾았습니다. 주님 중심에 서서 "주여, 우리가 죽게 되었습니다. 우리를 살려 주소서"라고 외쳤습니다. 혼신의 힘을 다해 주님을 깨워 일으키자 주님이 일어나셔서 바람과 파도를 꾸짖으셨고, 곧바로 바다가 잠잠해졌습니다. 주님이 기적을 베풀어 주셨습니다. 그러므로 환난을 만났을 때 우리는 어찌하든지 내 안에 잠든 예수님을 깨워 일으켜야 하는 것입니다. 혼신의 힘을 다해 주님께 부르짖어야 합니다.

예레미야 33장 3절에서 하나님은 "너는 내게 부르짖으라 내가 네게 응답하겠고 네가 알지 못하는 크고 은밀한 일을 네게 보이리라"고 말씀하셨습니다. 내게 속삭이라고 말하지 않았습니다. 내게 묵상하라고 말하지 않았습니다. 내게 부르짖으라. 목이 터져라 부르짖어 외치면 주님께서 들으시고 크고 은밀한 일을 보여 주셔서 문제를 해결해 주겠다고 하셨습니다. 시편 4편 26절에 "일어나 우리를 도우소서 주의 인자하심으로 말미암아 우리를 구원하소서"라고 쓰인 것처럼 부르짖으라는 것입니다.

열왕기하 20장을 보면 유다 왕 히스기야가 죽을병에 걸렸습니다. 선지자 이사야가 와서 "네가 죽을 터이니 살림을 정리하라"고 말하고 떠났습니다. 히스기야는 벽을 향하여 돌아누워서 눈물을 흘리고 통곡하며 주님께 부르짖어 기도했습니다.

"주여, 저를 도우소서. 저를 살려 주소서."

그러자 하나님의 말씀이 이사야에게 임하여서 "가서 내 백성의 주권자 히스기야에게 말하기를 내가 너의 부르짖음을 듣고 너의 눈물을 보았다. 내가 그의 생명을 15년 연장하고 그를 앗수르 왕의 손에서 건져 주겠다고 말하라"고 말씀하셨습니다.

성경은 주님께서 "내가 너의 부르짖음을 듣고 네 눈물을 보았다"고 말했습니다. 우리 눈에서 흐르는 눈물조차 주님은 보시고 계신 것입니다. 히스기야의 통곡과 부르짖음을 하나님께서 들으시고 마음을 돌이켜 그의 생명을 연장시켜 주시고, 앗수르 왕에게서 구원해 주셨습니다. 따라서 우리가 환난을 당할 때는 혼신의 힘을 다해 주님께 부르짖어야 합니다. 우리의 부르짖음을 들으신 하나님은 반드시 합당하게 문제를 해결해 주십니다.

예수님의 제자들도 차분히 주님께 다가와 살려달라고 속삭이지 않았습니다. 주님 주위에 서서 가만히 있었던 것도 아닙니다. 그들은 주님을 붙잡고 흔들고 고함치며 부르짖었습니다. 우리도 환난을 당해서 풍랑이 일어날 때 주님께 나와서 통곡하고 통회하고 자복하며 울부짖어 기도하고 외쳐서 기도하면 주님께서 응답해 주십니다.

저는 많은 병든 자를 위해서 기도하는데 병자가 혼신의 힘을 다해 주께 부르짖을 때 쉽게 고침 받는 모습을 보았습니다. 그러나 혼신을 다해 부르짖지 않고 마음에 간절함이 없는 사람은 좀처럼 병이 낫지 않습니다. 간혹 병자를 위해 기도할 때 저는 오히려 혼신의 힘을 다해 부르짖는데 당사자는 빙글빙글 눈을 뜨고 저를 멍하니 바라보시는 분이 있습니다. 그런 분은 좀처럼 고침을 받지 못합니다.

1970년 4월, 미국의 아폴로 13호가 달나라를 향해 발사되었습니다. 당시 과학자들은 모든 것이 완벽하다고 장담했습니다. 그런데 지구로부터 2만 마일 떨어진 곳에서 아폴로 13호는 산소통이 깨지는 사고로 더는 비행할 수 없는 위기에 처했습니다. 우주 비행사들은 본부인 휴스턴을 향해 긴급하게 연락했고, 지휘 본부에서는 "북극성을 바라보면서 방향을 잡아 돌아오라"고 지시했습니다. 인간의 힘으로는 도저히 어떻게 할 수 없는 상황이었습니다.

이 소식을 들은 미국 국민은 고장 난 캡슐을 몰고 오는 우주 비행사들을 위해 오전 9시부터 함께 기도했습니다. 온 국민이 부르짖어 기도했습니다. 우주 비행사들도 우주선 안에서 힘껏 기도했습니다. 그리고 얼마 후, 고장 난 아폴로 13호는 태평양에 무사히 귀환했습니다. 우주 비행사들은 미리 대기하고 있던 미 해군 군함에 의해 구조되었는데 이들이 우주선에서 내리자마자 제일 먼저 한 행동은 감사 기도였습니다. 그들은 해군 군목의 손을 잡고 "하나님, 감사합니다. 주님을 찬양합니다!" 하고 하나님께 감사했습니다. 당시 이들의 모습은 「타임」지 표지에 실려 전 세계인들에게 알려졌습니다. 인간 과학의 최고 산물이라는 우주선이 고장 났을 때, 인간이 매달릴 곳은 하나님밖에 없었습니다.

세상은 과학 기술로 모든 것을 해결하려고 합니다. 그러나 이것 또한 기도에 의지하지 않으면 안 됩니다. 우리에게 사탄의 시험과 세상의 시련이 다가왔을 땐, 먼저 혼신의 힘을 다해 주님을 찾고 부르짖어야 합니다. 그러면 주님께서 일어나셔서 바람과 파도를 꾸짖으십니다. 주님은 하늘과 땅과 세계와 그 가운데 모든 것을 지으신 하나님이십니다. 모든 것을 지으신 하나님께서 못하실 일은 아무것도 없습니다. 그리스도께 부르짖어 그리스도께서 우리의 삶에서 우리의 가정에서 우리의 생활에서 깨어 일어나시고 움직이시면 주님의 한 마디로 삶의 풍랑은 잠잠케 됩니다. 예수님을 깨우시기 바랍니다. 그리고 예수님과 함께 기적을 맛보시기 바랍니다.

● 믿음의 시험은 영적 성장을 위한 필수
● 비타민입니다

모든 인간은 시험을 통과하며 성장해 간다. 학생들은 학교에서 시험을 치르면서 학업 성취도를 높여 가고, 직장인은 직업의 전문 분야에 맞는 시험을 통과해야 비로소 실력을 인정받을 수 있다. 아마 시험을 좋아하는 사람은 없을 것이다. 그러나 시험을 잘 치르기만 한다면 성장으로 가는 지름길이 열리는 셈이다.

믿음의 시험도 마찬가지이다. 믿음에도 영적 수준이 있다. 믿음의 시험은 우리의 영적 수준을 평가하는 시금석이다. 하나님은 우리 믿음의 근육을 단련시키기 위해 시험문제를 즐겨 내시는 분이다. 따라서 우리의 신앙생활에 시험이 없다고 해서 결코 즐거워해서는 안 된다. 반대로 "왜 이런 고난을 나에게 주시는 것입니까?"라는 탄식이 절로 흘러나올 만한 시험을 만나거든 원망과 불평보다는 "지금 하나님께서 나의 믿음을 저울에 달아보고 계시는구나!" 하고 오히려 기쁘게 여겨야 한다. 이처럼 하나님께서 허락하시는 믿음 테스트는 우리의 영적 성장을 위한 필수 비타민이다.

"나의 의인은 믿음으로 말미암아 살리라 또한 뒤로 물러가면 내 마음이 그를 기뻐하지 아니하리라 하셨느니라" 히브리서 10:38

Chapter 5
믿음으로 말미암아 살리라

4차원의 영성 둘 믿음

믿음으로
말미암아
살리라

옛날 인도가 영국의 식민지였던 시절에 영국 총독부에서 어떤 지방 부호에게 자동차 한 대를 기증하였습니다. 그런데 총독부에서 얼마 후에 그 부호를 보니 자동차 앞에 소 두 마리를 세워서 자동차를 끌게 하고 그는 자동차 안에 앉아서 여행을 하고 있더랍니다. 자동차 한 대가 소 수십 마리보다 더 큰 힘을 발휘할 수 있는데도, 그 부호는 그것을 몰랐기 때문에 소를 이용하여 자동차를 끌었던 것입니다.

오늘날 주님께서 우리에게 주신 믿음은 태산을 옮길 만한 능력이 있습니다. 그러나 우리는 그 믿음을 매일의 일상생활 속에서 어떻게 사용해야 할지 모르고 있습니다. 그래서 믿음의 위대한 힘이 우리를 끌고 가는 것이 아니라 우리가 낑낑거리면서 믿음을 끌고 가려고 무척 애를 쓰고 있습니다. 지금이야말로 우리 속에 하나님께서 주신 믿음의 힘을 의지하고 살아가야 할 때입니다. 그러면 어떻게 해야 우리 앞에 있는 믿음을 사용할 수 있을까요?

믿음은 바라봄의 법칙이다

성경은 "믿음은 바라는 것들의 실상" 히 11:1이라고 말하고 있습니다. 우리가 아무리 믿으려고 하더라도 바라는 목표가 분명하지 않으면 결코 믿을 수가 없습니다. 많은 사람이 불분명한 무언가를 믿으려고 아무리 발버둥쳐도 성과를 거두지 못하는 것은 이러한 이유 때문입니다. 그들의 마음속에 바라보는 목표가 분명치 않기 때문에 이뤄질 수 없는 것입니다.

  경주를 할 때에 아무리 잘 뛰는 사람이라도 결승점이 어딘지 모르고 뛴다면 좋은 성적을 거둘 수 없습니다. 제가 어렸을 때에는 초등학교에 입학하기 위해서 여러 가지 시험을 봐야 했습니다. 그중 하나가 달리기였습니다. 지금에 와서 생각해 보면 아마도 신체 발달 정도를 측정하기 위해서 그런 테스트를 치렀던 것 같습니다. 저도 초등학교 입학 때 일본인 교사 앞에서 시험을 치렀는데, 필기시험을 다 치른 다음에 달리기 테스트가 있었습니다. 운동장에 데리고 나가서 경주를 시키는데 일본인 교사가 일본어로 말을 하니까 저는 무슨 이야기를 하는지 이해할 수가 없었습니다. 출발선에 세워 놓고 뛰라고 하는데 어려서부터 달리기를 잘 했던 저는 뛰는 것 하나는 자신이 있었습니다. 그러나 출발선에서 교사의 말을 이해하지 못한 저는 집으로 돌아가라고 하는 줄 알고,

"하나, 둘, 셋, 땅!" 하자마자 죽을힘을 다해서 집을 향해 뛰었습니다. 학교 문을 나와, 길거리를 통과해서, 집을 향해서 죽을힘을 다해 뛰고 있는데 뒤에서 아버님이 따라오면서 소리를 고래고래 지르며 제 이름을 불렀습니다. 제가 멈추자 아버님이 "운동장 한 바퀴 도는 것이니까 빨리 학교로 돌아가라"고 말했습니다. 학교로 돌아와 보니 다른 아이들은 이미 운동장 한 바퀴를 돌아서 제자리로 와 있었는데, 저는 집을 향해 가다가 맨 꼴찌로 들어오는 바람에 초등학교 입학에 떨어질 뻔했습니다. 달리기는 잘했지만, 목표를 알지 못했기에 꼴등을 한 것이었습니다. 이처럼 아무리 뛰는 데 자신이 있어도 목표를 분명히 알지 못하고 뛰면 그 뛴 것이 효과가 없습니다. '속도'보다 중요한 것은 '방향'입니다.

우리가 믿음을 활용하려면 우리의 삶 속에 분명한 믿음의 목표가 있어야 합니다. 바라는 것이 있어야 합니다. 그렇다면 우리가 어떻게 믿음의 목표를 가질 수 있을까요?

하나님께서는 우리 마음속에 뜨거운 소원을 일으켜서 인생의 방향과 목표를 정하게 만들어 주십니다. 빌립보서 2장 13절에서는 "너희 안에서 행하시는 이는 하나님이시니 자기의 기쁘신 뜻을 위하여 너희에게 소원을 두고 행하게 하시나니"라고 말씀합니다. 우리가 간절히 하나님께 부르짖어 기도할 때에 하나님께서는 우리의 마음속에 뜨거운 소원을 일으켜 주십니다. 이 소원을 통해서 우리는 인생의 목표와 방향을 정할 수 있습니다. 그러므로 믿음은 꿈을 그리는 도구라 할 수 있습니다. 믿음이 역사할 때 우리의 마음에 분명한 목표를 설정할 수 있습니다.

그러나 우리가 어떤 목표를 정하더라도 그 목표가 탐욕이나 욕심이 되어서는 안 됩니다. 야고보서 4장 3절에 "구하여도 받지 못함은 정욕으로 쓰려고 잘못 구하기 때문이라"고 말씀하셨습니다. 우리의 정하는 목표는 언제나 하나님을 기쁘시게 하는 목표가 되어야 합니다.

이스라엘 백성이 출애굽 하여 젖과 꿀이 흐르는 가나안 땅으로 가고자 할 때, 구름 기둥과 불 기둥이 나타나 그들이 가야 할 길을 분명하게 인도해 주었습니다. 오늘날도 우리 안에는 성령이 와 계십니다. 성령께서 우리의 마음에 지워지지 않는 삶의 목표를 설정해 주십니다. 그러므로 우리의 마음을 비우고 주님 앞에 기다리며 간절히 간구해야 합니다. 그러면 그때 하나님께서 우리가 바라보아야 할 목표를 보여 주십니다.

직장을 잃어버렸거나, 명예퇴직을 했거나, 사업이 다 무너졌을 때에 우리는 어떻게 해야 합니까? 새로운 목표를 설정해야 합니다. 그 문제에서 주저앉아 버리면 안 됩니다.

그렇다면 우리의 새로운 목표 설정은 누가 세웁니까? 바로 우리 여호와(야훼) 하나님께서 우리를 위해서 새로운 목표를 설정해 주십니다. 하나님께서는 우리를 위해서 모든 것을 예비해 놓으셨습니다.

고린도전서 2장 9절은 "기록된 바 하나님이 자기를 사랑하는 자들을 위하여 예비하신 모든 것은 눈으로 보지 못하고 귀로 듣지 못하고 사람의 마음으로 생각하지도 못하였다"고 밝히고 있습니다.

하나님께서는 우리를 위해서 이미 모든 것을 예비해 놓으셨습니다. 그러므로 우리 하나님의 예비하신 그 길을 우리가 알기 위해서 간절히 기도하며 기다릴 때에 하나님께서는 우리 마음속에 뜨거운 소원을 일으켜 주시고 성령의 구름 기둥과 불 기둥으로 인도해 주십니다. 또는 우리의 앞에 직접 열린 문을 허락하심으로써 분명히 나아갈 목표를 설정해 주십니다. 우리는 하나님께서 보여 주시는 그 목표를 향해서 뛰어가야만 합니다. 성경에는 성령으로 인도함을 받는 이들이 곧 하나님의 아들이라고 말했습니다. 이 말은 하나님의 아들이면 성령의 인도를 받을 권리가 있다는 얘기이기도 합니다.

그러므로 성령께 우리 삶을 인도해 달라고 간절히 기도하십시오. 간곡히 기도하면 반드시 하나님께서 우리를 위해서 예비하신 그 길로 가는 목표를 우리에게 분명하게 보여 주실 것입니다. 또한 목표를 주신 하나님께서 이뤄 주실 것을 믿어야 합니다.

"믿음이 없이는 하나님을 기쁘시게 하지 못하나니 하나님께 나아가는 자는 반드시 그가 계신 것과 또한 그가 자기를 찾는 자들에게 상 주시는 이심을 믿어야 할지니라"는 히브리서 11장 6절 말씀처럼, 하나님께서는 당신을 찾는 자에게 빈손 들고 돌아가게 하지 않습니다. 상을 주십니다. 은혜와 복을 주시는 하나님이신 것입니다. 그러므로 우리의 신앙생활은 마음속에 분명한 목표를 품고 있어야 합니다.

믿음은 마음속 도화지에 꿈을 스케치하는 4B 연필이다

믿음은 마음속의 도화지에 꿈을 스케치하는 4B 연필이라고 할 수 있습니다. 바라봄의 법칙을 마음속에서 사용하는 것입니다. 하나님은 없는 것을 있는 것같이 부르신다고 하셨습니다. 그러면 우리도 없는 것을 있는 것같이 바라봐야만 합니다. 마음속에서 바라본다는 것은 대단히 중요합니다. 우리 마음의 도화지에 하나님께서 이루어 놓으신 것을 바라봄의 법칙을 활용하여 그려보는 것, 이것은 우리의 믿음생활에 있어 매우 중요한 것입니다.

우리가 잘 아는 대로 아브라함이 애굽에서 가나안으로 올라왔을 때, 하나님은 약속하신 대로 그에게 금과 은을 많이 주셨고 짐승도 많이 주셨습니다. 그러나 그는 조카 롯과 함께 좁은 땅에 살았기 때문에 늘 분쟁이 있었습니다. 분쟁을 끊기 위해 아브라함은 롯과 따로 살기로 결심하고 "네가 좌하면 나는 우하고 네가 우하면 나는 좌하리라" 창 13:9고 말하며 조카 롯에게 보기에 좋은 땅을 먼저 선택할 권리를 넘겨 주었습니다. 당연히 롯은 보기에 기름지고 물이 풍부한 땅을 선택했습니다. 아브라함이 순간적으로 실망할 수도 있는 상황이었습니다. 그래서 조카 롯과 헤어지고 난 바로 그때, 하나님께서는 아브라함을 부르셔서 말씀하십니다.

> "여호와(야훼)께서 아브람에게 이르시되 너는 눈을 들어 너 있는 곳에서 북쪽과 남쪽 그리고 동쪽과 서쪽을 바라보라 보이는 땅을 내가 너와 네 자손에게 주리니 영원히 이르리라" 창세기 13:14-15

가나안 땅은 아브라함의 것이 아니었습니다. 가나안 땅은 가나안의 일곱 족속이 점령해서 살고 있는 상태였습니다. 그럼에도 없는 것을 있는 것과 같이 부르시는 하나님께서 아브라함에게 동서남북을 바라보라 하심은 믿음의 눈을 뜨고, 내 것이 아닌 것을 마치 내 것인 것처럼 바라보는 믿음의 법칙을 훈련시키신 것입니다. 하나님께서는 원래 없는 것을 있는 것같이 부르시는 하나님이시기 때문에 우리도 하나님과 함께 일하기 위해서는 없는 것을 있는 것같이 바라볼 줄 알아야 합니다. 그리고 진정 마음으로 소유했다고 믿으면 하나님께서 합당하게 응답하여 주십니다.

하나님께서 아브라함의 믿음을 훈련하시고, 그에 합당하게 응답하여 주신 것은 비단 이 일에서 그치지 않습니다. 아브라함은 가나안 땅에 들어온 지 10년이 넘어 85세 이상이 되었을 때까지도 자식이 없었습니다. 그는 간절히 하나님께 자녀를 달라고 기도했습니다. 그러던 중에 하루는 하나님께서 아브라함을 밤중에 불러내셔서 하늘의 별들을 보라 하셨습니다.

"별들을 헤아려라."

아브라함이 별들을 마음껏 헤아렸습니다.

"네 자손이 저 하늘의 별처럼 많을 것이다."

여기서 우리가 주목해야 할 것은 하나님께서 단순히 아브라함에게 많은 자녀를 주겠다고 약속하신 것이 아니라는 사실입니다. 아마 그냥 한마디 음성으로 "너에게 많은 자녀의 복을 주겠다"고 말해도 아브라함은 믿고 따랐을 것입니다. 하지만 하나님은 굳이 밤중에 그를 불러내어 별을 헤아리라고 하셨습니다. 하나님께서 무슨 이유로 밤중에 자는 아브라함을 불러내어서 그런 쓸데없는 일에 신경 쓰셨겠습니까? 거기에는 믿음의 역사를 행하시기 전에 바라봄의 법칙을 아브라함에게 가르쳐 주고자 하신 하나님의 뜻이 담겨 있습니다. 믿음의 대상을 구체화시켜 바라볼 때, 우리의 믿음은 더욱 확신에 차게 되고 하나님은 그 강한 믿음을 보시고 역사해 주십니다.

아브라함에게 하늘을 바라보고 별들을 헤아리게 함으로써 그가 스스로 '내 자손이 저 별처럼 많을 것이다' 라는 구체적인 꿈을 갖게 만들어 주셨습니다. 아브라함은 그 별들을 바라보고 난 다음에 자신의 나이가 85세이고, 아내 사라가 75세인 것을 잊어버렸습니다. 이미 생리학적으로 자식을 얻을 수 없다는 환경을 벗어나 하나님께서 보여 주신 약속의 믿음을 바라보며 나아갔습니다. 3차원의 인간의 한계를 뛰어 넘어서 그들은 4차원의 꿈속에 들어간 것입니다. 그때 그는 자기 자신이 수많은 자녀의 아버지가 될 것이라는 꿈을 마음속에 바라보고 믿을 수가 있었습니다. 성경은 아브라함이 그것을 보고 믿었다고 말했습니다. 바로 이것이 바라봄의 법칙입니다. 하나님께서는 아브라함이 그것을 주야로 마음속에 바라볼 때에 그를 통해서 성령의 놀라운 역사를 베풀 것을 약속하셨습니다.

십자가를 바라보라

오늘날 우리가 교회에 가보면 강단 앞에 십자가를 세워 놓은 것을 볼 수 있습니다. 그렇다면 왜 교회마다 십자가가 있는 것일까요? 그것은 바라봄의 법칙 때문입니다. 십자가가 무엇입니까? 십자가는 하나님의 아들 예수 그리스도께서 2천 년 전에 우리를 위해서 못 박혀 찢기고 피 흘린 것을 우리에게 보여 줍니다. 기독교인이라면 아무 의미 없이 십자가를 바라보아서는 안 됩니다. 십자가를 바라볼 때마다 그 십자가에서 일어났던 역사적인 사건을 기억해야 합니다. 십자가의 역사는 단순히 상징적인 의미가 아닙니다. 십자가는 그리스도의 고난을 통해서 우리 죄가 다 사함을 받고, 그로 말미암아 죄악에서 해방되었다는 것을 말해 줍니다. 따라서 우리가 십자가를 바라볼 때마다 예수 그리스도를 통해서 일생의 죄가 용서되었다는 것을 마음속에 믿을 수 있습니다.

십자가를 통하여 하나님과 우리를 가로막았던 담이 다 무너지고, 하나님과 우리 사이에 교감이 이루어지며, 하나님의 성령이 우리 안에 우리가 하나님 안에 들어가게 되었다는 현실이 믿어질 수 있어야 합니다. 믿음은 아무 곳에서나 샘솟지 않습니다. 예수님께서 십자가에서 우리의 염려를 친히 담당하시고, 병을 짊어지시고, 우리가 앓아야 할 고통을 다 당하시고, 우리를 치유해 주셨다는 사실을 우리는 십자가를 바라봄으로써 더욱 확고히 믿을 수 있습니다.

우리 인생길이 한줄기 빛조차 보이지 않는 고난의 터

널을 지날지라도 우리는 십자가를 힘차게 바라보아야 합니다. 우리의 저주를 다 짊어지시고, 가시와 엉겅퀴를 다 제하시고, 우리의 삶의 모든 가난을 처벌하신 십자가의 주님을 바라보아야 합니다. 그리고 바라봄으로써 샘솟는 믿음을 가지고 하나님께 간구하십시오. 그때 주님이 모두 해결해 주실 것입니다.

"우리 주 예수 그리스도의 은혜를 너희가 알거니와 부요하신 이로서 너희를 위하여 가난하게 되심은 그의 가난함으로 말미암아 너희를 부요하게 하려 하심이라"
고린도후서 8:9

갈라디아서 3장 13절에서는 "그리스도께서 우리를 위하여 저주를 받은 바 되사 율법의 저주에서 우리를 속량하였으니 이는 기록된 바 나무에 달린 자마다 저주 아래 있는 자"라고 했으므로 우리는 "그리스도 예수 안에서 아브라함의 복이 이방인에게 미치게 하려 함"이라는 사실을 십자가를 바라보고 주장해야 합니다. 십자가를 바라보고 그곳에서 우리 인생의 악몽을 탈피하는 체험을 해야 합니다. 죄 묻은 옛사람은 벗어 버리고 십자가를 통하여 새로운 사람이 된 사실을 바라보아야 합니다. 죽어서 지옥에 가는 모습은 잊어버려야 합니다. 이제 사망과 음부를 철폐하고 천국과 영생을 가져오는 그리스도만을 바라보아야 합니다.

"그런즉 누구든지 그리스도 안에 있으면 새로운 피조물이라 이전 것은 지나갔으니 보라 새것이 되었도다" 고린도후서 5:17

십자가를 바라보고 새것이 된 우리의 모습을 마음속에 받아들여야 합니다. 모든 교회마다 지붕에 십자가를 올리고, 예배당 앞에 십자가를 걸어 놓는 이유는 여기에 있습니다. 성도들에게 무조건 믿으라고 하는 것이 아니라 십자가에서 돌아가신 예수님을 바라봄으로써 그 믿음이 성장하도록 돕는 것입니다.

우리는 항상 잘 되는 내일을 바라보고 우리가 주 안에서 어떠한 사람이 될 것인지를 마음속에 깊이 인식해야 합니다. 우리는 쉬지 말고 꿈꾸고 계획한 목표가 이루어지는 모습을 늘 바라보아야 합니다. 목표를 분명히 하고 그 목표가 이루어지는 모습을 늘 그려야 합니다.

실제로 야곱은 여러 나뭇가지를 취하여 얼룩덜룩하게 만든 뒤, 짐승 앞에 세워 놓고 짐승들이 바라보게 함으로써 그 짐승들이 얼룩무늬 새끼를 낳도록 했습니다. 현대 시대에 과학적으로 생각해 보면 정말 말도 안 되는 얘깁니다. 하지만 야곱은 이러한 조치를 취하고 자기 마음에 짐승들이 얼룩무늬 새끼를 낳을 것이라는 믿음을 가지고 그것을 시인했습니다. 그러자 신기하게도 순수한 색깔의 양이나 염소들이 모두 얼룩무늬 새끼를 낳았습니다. 이것이 바로 바라봄의 법칙이 역사한 증거입니다. 야곱은 입으로만 하나님께 기도하지 않았습니다. 짐승들에게 얼룩무늬를 계속 보게 하고, 자신 또한 그 짐승들이 얼룩무늬 새끼를 낳을 것이라고 상상하고 그려 보았습니다. 그러자 하나님은 그가 원하는 대로 그 소원을 들어 주셨습니다. 이제 우리는 마음에서 언제나 목표가 이루어진 모습을 구체적으로 그리며 바라보아야 하는 것입니다.

바라봄의 법칙은 꿈을 항상 마음속에 가지는 것을 말합니다. 하나님께서는 바라봄의 법칙을 사용하는 사람을 통해서 성령의 역사를 베풀어 주십니다. 성령이 이 땅에 오시면 젊은이에게는 환상을 늙은이에게는 꿈을 주겠다고 하셨습니다. 환상이라는 것은 현실이 아닙니다. 그러나 그것을 바라봄으로 말미암아 하나님의 성령께서는 그 꿈과 환상이 현실에 생겨나도록 역사하십니다. 그러므로 꿈과 환상을 가슴에 품지 않은 사람은 다가올 내일에 창조적인 기적을 가져올 수 없습니다.

이미 주어진 믿음을 믿기로 결단하라

이제는 마음속에서 믿기로 결단하고 이미 주신 것에 감사해야 합니다. 사람들은 자꾸만 "주님, 믿음을 주시옵소서!"라는 기도를 하는데, 그렇게 말하지 말고 하나님께서 주신 믿음에 감사 기도를 할 수 있어야 합니다.

우리는 태어날 때에 이목구비를 다 가지고 태어납니다. "하나님이여 눈을 주시옵소서! 코를 주시옵소서! 귀를 주시옵소서! 입을 주시옵소서! 팔을 주시옵소서!"라고 기도했기 때문에 주신 것이 아닙니다. 이것들은 하나님께서 이미 주신 것입니다. 주신 것을 잘 사용하면 그것이 더 건강해지고 튼튼해집니다. 이와 마찬가지로 예수님을 믿고 거듭난 사람은 거듭날 때에 벌써 하나님께서 믿음을 주신 것입니다.

로마서 12장 3절에 "내게 주신 은혜로 말미암아 너희 각 사람에게 말하노니 마땅히 생각할 그 이상의 생각을 품지 말고 오직 하나님께서 각 사람에게 나누어 주신 믿음의 분량대로 지혜롭게 생각하라"고 말씀하셨습니다. 이미 주님은 분량대로 믿음을 주어서 태어나게 하셨습니다. 그 믿음을 자꾸 활용하는 사람만이 신앙의 성숙을 경험할 수 있습니다. 하지만 믿음을 사용하지 않으면 그 믿음은 기능을 잃어버리고, 위축되어 버립니다. 아주 작은 하나님의 역사도 체험하기 어렵다는 얘깁니다.

믿음이 없는 사람은 없습니다. 우리의 마음속에는 믿음이 이미 있기 때문에 우리는 그 믿음을 가지고 믿기로 마음에 결정을 내려야 합니다. 믿지 않기로 작정하면 믿어지지 않는 것이 당연합니다. 아무리 우리 마음속에 이미 받은 믿음이 있더라도 우리가 믿기로 작정을 하지 않으면 그것은 아무 소용이 없습니다. 이러한 작정은 누가 대신해 줄 수가 없습니다. 하나님께서 아무리 믿으라고 권면하셔도 우리가 믿기로 작정하지 않으면 아무런 응답도 받을 수가 없습니다. 이것은 우리가 스스로 결정해야 하는 것이며, 우리가 믿기로 작정하는 순간 하나님께서는 우리와 함께 역사하십니다.

　사람은 누구나 믿기로 선택하든지 믿지 않기로 선택하든지 둘 중 하나를 선택하고 삽니다. 믿으라고 어느 누가 강요하고 권유한다고 해서 믿음이 생기는 것이 아닙니다. 예수님께서 수많은 기적과 역사를 행하셨어도 믿지 않는 자들은 여전히 믿지 않았습니다. 눈에 보이는 증거가 있어야만 믿음이 생기는 것이 아닙니다. 우리는 눈에는 아무런 증거가 보이지 않고, 귀에는 아무 소리도 들리지 않고, 손에는 잡히는 것이 없을지라도 믿기로 선택하고 작정하여 믿음의 길로 나아가야 하는 것입니다.

믿음은 포기하지 않는 것이다

　야고보서 1장 6절에서 8절은 "오직 믿음으로 구하고 조금도 의심하지 말라 의심하는 자는 마치 바람에 밀려

요동하는 바다 물결 같으니 이런 사람은 무엇이든지 주께 얻기를 생각하지 말라 두 마음을 품어 모든 일에 정함이 없는 자로다"라고 말하고 있습니다. 믿음이라는 것은 우리의 마음속에 하나님께서 주신 것이기 때문에 우리가 믿음을 선택해야 하는 것입니다. 동남풍이 불고 서북풍이 불어도 믿기로 작정해야 합니다. 그리고 흔들리지 말아야 합니다. 믿고 난 다음에는 무슨 일이 있어도 인내하고 순종하며 믿음을 지켜 나가야 합니다.

물론 살다 보면 낙심될 때가 종종 다가옵니다. 그럴 땐 하나님 말씀을 읽으며 견뎌 나가야 합니다. 또 믿음 있는 동역자들과 교제하며 서로 격려하고 도움을 받아야 합니다. 보통 사람들은 조금만 더 참으면 믿음의 결실이 맺어질 것을 모르고, 쉽게 낙심하고 믿음을 포기해 버립니다. 하지만 온전히 믿음을 갖고 궁극적으로 하나님의 도우심을 바라는 사람들은 결국 하나님의 영광을 누리게 됩니다.

골드러시gold rush가 한창이던 서부 개척시대에 미국의 어떤 사업가가 금광을 개발한 적이 있었습니다. 그는 가지고 있는 재산을 모두 투자하여 기계를 사서 금광을 개발했습니다. 그런데 굴을 뚫고 또 뚫고, 아무리 뚫어도 금광이 나오지 않았습니다. 꼭 금이 있다고 확신한 곳에서도 금은 나오지 않았습니다. 주위에서 실망과 비난의 목소리도 들려왔습니다. 나중에는 자신도 지칠 대로 지쳤습니다. 그는 더 이상 버틸 수가 없어 그만 광산 기계와 광산을 헐값에 팔았습니다.

그런데 그 광산을 산 사람이 불과 10미터를 파자마자 거대한 금광이 나타났습니다. 처음 시작한 사람이 10미터만 참았더라면, 조금만 더 참고 뚫었더라면 거대한 금광을 발견했을 것입니다. 그는 안타깝게도 성공 직전에 지쳐서 주저앉아 버리고 말았습니다. 하나님과 우리의 믿음도 이와 같습니다. 조금만 더 참고 믿으면, 하나님의 역사가 일어날 것인데, 보통 믿음이 약한 자들은 목표에 도달하기 전에 믿음을 잃어버리고 맙니다.

아침 해가 뜨기 직전이 가장 어두운 것처럼 믿음의 목표에 도달하기 직전이 가장 크게 낙심되고, 마음이 괴롭습니다. 그럴 때에는 희망의 날이 다가올 것임을 확신하고, 어떻게 해서든 그 위기를 넘겨 믿음을 지켜 나가는 것이 중요합니다. 이를 위해서는 주위의 목사나 장로나 권사나 집사나 동역자가 "용기를 내라, 힘을 내라, 낙심하지 말고 일어나라 한번만 더 노력을 해보라" 하고 힘을 주면 그 힘을 받아서 믿음을 유지할 수도 있습니다. 때문에 홀로 신앙생활을 하는 사람은 고난이 다가왔을 때 그 고난이 더욱 크게 느껴지기 마련입니다. 믿음은 두 세 사람이 함께 모여서 믿는 것이 좋습니다. 한 사람이 넘어지면 다른 사람이 일으켜 주는 것이고 한 사람이 낙심하면 다른 사람이 붙들어 주어야 합니다. 그래서 서로 용기를 북돋아 주며, 밀어 주고 당겨 줄 때 우린 믿음의 결실을 볼 수 있습니다.

로마서 10장 17절에 "그러므로 믿음은 들음에서 나며 들음은 그리스도의 말씀으로 말미암았느니라"고 말하는 것처럼 믿음이 약해지려고 할 때에는 자꾸 말씀을 듣고, 또 주위에서 들려주어야 하는 것입니다.

고린도후서 5장 7절에 "이는 우리가 믿음으로 행하고 보는 것으로 행하지 아니함이로라"고 했듯이, 눈에 보이는 현상이 어려워서 낙심하고 흔들릴 때 주위에서는 믿음을 북돋아 주어야 합니다.

또한 히브리서 10장 38절에서 "나의 의인은 믿음으로 말미암아 살리라 또한 뒤로 물러가면 내 마음이 그를 기뻐하지 아니하리라"고 말한 것과 같이 우리가 믿음을 키워 나갈 때 하나님께서는 우리를 영원히 살게 하시고, 우리를 바라보며 기뻐하십니다.

한번 믿었으면 끝까지 믿음으로 나아가야지 믿다가 포기해 버리고 뒤로 물러가 버리면 처음부터 안 믿은 것만 못할 수도 있습니다. 사탄은 아예 믿지 않는 자는 집어 삼키려 하지 않습니다. 어차피 그들은 자신의 편이요, 자신의 저장된 먹잇감이기 때문입니다. 하지만 믿음 있는 자들은 사탄이 가장 노리는 먹잇감입니다. 따라서 한번 믿고 그 마음에 믿음이 사라지면 사탄은 다시는 믿지 못하게끔 사탄의 영을 주입하려 하고, 인생의 축복의 통로를 가로막을 것이 분명합니다. 하지만 우리가 인내하는 믿음을 갖고 담대히 믿음의 입술로 선포하며 살아갈 때 하나님은 영원히 동일하게 우리 마음속에 들어와 계십니다.

> "예수께서 그들에게 대답하여 이르시되 하나님을 믿으라 내가 진실로 너희에게 이르노니 누구든지 이 산더러 들리어 바다에 던져지라 하며 그 말하는 것이 이루어질 줄 믿고 마음에 의심하지 아니하면 그대로 되리라 그러므로 내가 너희에게 말하노니 무엇이든지 기도하고 구하는 것은 받은 줄로 믿으라 그리하면 너희에게 그대로 되리라" 마가복음 11:22-24

믿음의 선언이 역사를 이룬다

우리가 믿은 것을 입으로 시인할 때 그 믿음은 흔들리지 않고 더욱 확고해집니다. 그러므로 우리는 믿음의 선언을 통해 흔들림 없는 믿음을 소유해야 합니다. 하나님께서는 아브라함에게 별만 바라보게 하지 않으셨습니다. 그 다음에 아브라함이 99세가 되었을 때는 하나님께서 그 이름을 바꾸어 주셨습니다. 이제는 바라보고 꿈꾸던 것을 믿음을 가지고 입으로 시인하라는 것입니다.

"나는 아브람이 아니라 '아브라함'이다. 곧 나는 많은 민족의 조상이다. 또 나의 아내는 더 이상 사래가 아니라 '사라'이다. 곧 많은 민족의 어머니이다."

이렇게 하나님께서는 아브라함이 꿈으로 바라본 것을 현실로 이루시기 위해 입으로 매일 같이 시인하여 더욱 믿음을 확고하게 하셨습니다. 성경에 이르길 "사람이 마음으로 믿어 의에 이르고 입으로 시인하여 구원에 이르느니라" 롬 10:10고 하였습니다. 그렇게 그들이 매일 같이 시인하니까 아브라함과 사라는 결국 이삭이라는 아들을 얻게 된 것입니다. 그러므로 우리는 강하고 담대하게 긍정적인 믿음을 가지고 우리의 믿음을 입술로 시인하며 살아야 합니다.

우리가 가지고 있는 믿음을 생활 속에서 활용하려면 다음과 같은 세 단계를 생활화해야 합니다. 첫째, 크고 작은 목표를 분명히 설정하여 목표를 바라보고 기도하고 믿어야 합니다. 둘째, 끊임없이 꿈을 꾸어야 합니다. 또한 그 꿈이 이루어진 모습을 상상하고 그리며 바라보아야 합니다. 또한 그 꿈을 아침, 점심, 저녁으로 계속해서 바라보아야 합니다. 병든 자는 자기의 몸이 고침 받은 모습을 늘 마음속에 그리고 바라보아야 합니다. 사업을 시작하는 자는 그 사업이 장차 성공하는 모습을 바라보아야 합니다. 가족의 구원을 바라는 자는 그 가족이 구원받아 교회에 나오는 것을 바라보아야 합니다. 성공을 원하는 사람은 자기가 성공하는 모습을 늘 바라보아야 하는 것입니다. 이렇게 바라봄의 법칙을 생활 속에서 실천한 다음에는 셋째로, 믿음을 선택해야 합니다. 바라본 다음에는 믿어야 합니다. 눈에는 아무런 증거가 보이지 않고 귀에는 아무 소리도 들리지 않고 손에는 잡히는 것이 없어도 늘 믿어야 합니다. 그러고 난 다음에 감사함으로 기도해야 합니다.

"하나님 아버지, 저에게 분명한 목표를 보여 주셔서 감사합니다. 이 목표 그대로 제 삶에 이루어질 것을 바라봅니다. 이 모든 것을 이뤄 주실 줄 믿습니다. 제 삶은 이미 형통해졌습니다. 축복 받은 삶입니다. 기적을 베풀어 주셔서 감사합니다."

이것을 실천하면 우리 속에 하나님께서 주신 믿음이 현실로 나타나게 됩니다. 또한 늘 기도할 때마다 십자가를 바라보고 십자가에 달린 예수 그리스도께서 우리를 위해서 무엇을 예비해 두셨는지를 늘 마음속에 상상하며 바라보시기 바랍니다. 그 바라봄의 법칙을 통하여 결국에는 성령께서 역사하여 우리의 영혼이 잘 되고 범사가 잘 되며 강건하고 생명을 얻되 넘치게 얻게 되는 것입니다.

하나님은 지금도 "할 수 있거든이 무슨 말이냐 믿는 자에게는 능히 하지 못할 일이 없느니라"막 9:23고 말씀하고 계십니다. 성경에는 "네 믿음이 크도다 네 소원대로 되리라"마 15:28고 말씀하셨습니다. 하나님은 오직 우리의 믿음을 통해서 우리 삶 속에 역사하신다는 것을 명심하시기 바랍니다.

바라봄의 법칙은 믿음 사용 매뉴얼입니다

하나님께서 우리에게 주신 믿음의 능력은 태산을 옮기기에 충분하지만, 대부분의 사람이 생활 속에서 그것을 어떻게 적용해야 할지 잘 모르는 경우가 많다. 바라봄의 법칙은 하나님께서 선택한 자기 백성에게만 주시는 인생의 행복 원리이다.

창세기를 보면, 하나님은 아브라함에게 그저 믿으라고만 하지 않으셨다. 텐트에서 나와서 동서남북을 보게 하시고, 하늘의 뭇 별들을 세어 보도록 하셨다. 이렇게 하나님께서 아브라함에게 말씀하신 것은 일종의 그림언어이다. 생활 속에서 믿음을 추상적으로만 여기지 말고 구체적으로 그려 보라는 것이다.

믿음의 색연필로 오색찬란한 꿈의 청사진을 마음 한복판에 그려 넣었다면 이제부터는 마음속에 그려 넣은 이 꿈의 씨앗이 흙을 뚫고 나오길 믿음으로 기다려야 한다. 마치 산모의 뱃속에 잉태된 아기가 세상 밖으로 나오려면 열 달을 반드시 기다려야 하는 것처럼, 믿음으로 잉태한 꿈이 실현되기까지는 하나님의 때가 차야 한다.

행복을 주는
믿음 개정판

개정판 1쇄 발행 | 2013년 7월 5일

지은이 | 조용기
펴낸곳 | 교회성장연구소
편집인 | 이장석
편집장 | 노인영
기획 및 편집 | 김태희 · 김수현 · 이초롱
디자인 | 서주영
마케팅 | 이승조 · 문기현
쇼핑몰 | 김미현 · 이기쁨 · 이경재 · 강지훈 · 김수정

등록번호 | 제12-177호
주   소 | 서울특별시 영등포구 여의공원로 101번지 CCMM빌딩 9층 901A호
전   화 | 02-2036-7935
팩   스 | 02-2036-7910
웹사이트 | www.pastor21.net

ISBN 978-89-8304-189-0 03230

※ 책 가격은 뒤표지에 있습니다.
※ 잘못 만들어진 책은 바꿔 드립니다.

"무슨 일을 하든지 마음을 다하여 주께 하듯 하라" (골 3:23) ─────────

교회성장연구소는 한국 모든 교회가 건강한 교회성장을 이루어 하나님 나라에 영광을 돌리는 일꾼으로 성장하는 것을 목표로, 목회자의 사역은 물론 성도들의 영적 성장을 도울 수 있는 필독서들을 출간하고 있다. 주를 섬기는 사명감을 바탕으로 모든 사역의 시작과 끝을 기도로 임하며 사람 중심이 아닌 하나님 중심으로 경영한다. "무슨 일을 하든지 마음을 다하여 주께 하듯 하라"는 말씀을 늘 마음에 새겨 하나님이 주신 사명을 기쁨으로 감당한다.